Karin Schaffner

Bei den Seeräubern und andere spannende Turnstunden

Karin Schaffner

Bei den Seeräubern...

...und andere spannende Turnstunden

30 Stundenbilder zum Entwickeln vielfältiger
Sinnes- und Bewegungserfahrungen

Verfasserin	Karin Schaffner
Redaktion	Rudi Lütgeharm, Melle
Verlag	Pohl-Verlag Celle GmbH Herzog-Ernst-Ring 1, 29221 Celle Postfach 3207, 29232 Celle Telefon (0 51 41) 98 89-0 Telefax (0 51 41) 98 89 22 E-Mail verlag@pohl-verlag.com Internet www.pohl-verlag.com
Herstellung	Druck + Werbung Celle
Zeichnungen	Ingrid Then-Müller, Schweinfurt

Printed in Germany
ISBN-10: 3-7911-0253-2
ISBN-13: 978-3-7911-0253-2

Inhalt

Das Kind und der Wind

Immer in Bewegung
sind Kind und Wind.
Sie sausen durch Gassen,
um Ecken geschwind,
sie rütteln an Ästen
und rascheln im Laub,
sie wirbeln viel Sand auf
und manchmal auch Staub.

Das Kind und der Wind.

Sie säuseln und heulen,
sie singen und lachen,
sie rütteln an Regeln
und spielen mit Drachen.
Sie pusten und pfeifen,
sie kommen, sie gehn
und manchmal – da bleiben
sie ganz stille stehn.

Das Kind und der Wind.

Denn wie ein Kind, das staunen kann,
hält auch der Wind den Atem an.
Was wär die Erde ohne Wind
und wie bewegend ist ein Kind?

Karin Schaffner

Vorwort

Offen und voller Vertrauen, neugierig und erwartungsvoll will das Kind die Welt entdecken, will Zusammenhänge be„greifen" und lernen, mit beiden Beinen im Leben zu stehen. Dazu braucht es Körper, Geist und Seele, dazu braucht es vielfältige Sinnes- und Bewegungserfahrungen.
Unsere Lebensbedingungen schränken diese Erfahrungen aber immer mehr ein – mit erschreckenden Folgen: 40 bis 60 Prozent unserer Kinder kommen mit Haltungsschäden oder -schwächen in die erste Klasse.
Auch im psycho-sozialen und geistigen Bereich zeigen sich Auswirkungen: Verhaltensauffälligkeiten, Störungen in der Wahrnehmungsaufnahme und -verarbeitung, Ängste, Aggressionen und Konzentrationsmängel sind Dauerklagen in Kindergärten und Grundschulen.

LehrerInnen, ErzieherInnen und natürlich auch Eltern müssen sich fragen, wie diese Situation zu verbessern ist. Sicher wissen fast alle, dass sich Bewegung positiv auf die körperliche und geistige Entwicklung auswirkt. Trotz dieser Erkenntnis blieb die Bewegungssituation der Kinder in den vergangenen Jahren erstaunlicherweise unverändert schlecht.
Inzwischen gibt es viele wissenschaftliche Untersuchungen der verschiedensten Fachrichtungen über die positiven Auswirkungen der Sinnes- und Bewegungserfahrungen auf die kindliche Entwicklung.

Still auf Stühlen zu sitzen ist Gift!!!

- Die Entwicklung der Knochendichte wird durch Bewegung positiv beeinflusst.

- Bewegungsroutine der Kinder senkt ihr Unfallrisiko!

- Bewegung fördert soziale Kompetenzen wie Toleranz, Rücksichtnahme und Kooperationsfähigkeit.

- Die Gehirnvernetzung entwickelt sich über Sinnes- und Bewegungserfahrungen.

- Kinder mit mangelnden Bewegungserfahrungen kommen mit einem nicht ausreichend vernetzten Gehirn in die erste Klasse!

- „Bewegte" Kinder zeigen bessere Leistungen im Intelligenztest und haben ein positiveres Selbstbild.

- Die für das Erwachsenenalter so typischen Rückenbeschwerden entwickeln sich bereits im Kindesalter durch Bewegungsmangel.

Da auch Sprache und Bewegung sich gegenseitig beeinflussen, fordern Sprachwissenschaftler mehr Bewegung für Kinder. Schlechte Leser können durch Balancespiele gefördert werden; Kindern, die nicht rückwärts gehen können, fällt auch das rückwärts Zählen schwer.
ErzieherInnen und LehrerInnen können sich diese faszinierenden Erkenntnisse im Interesse ihrer Kinder zunutze machen und zum Beispiel die Innen- und Außenräume sinnen- und bewegungsfreundlicher gestalten und verstärkt gemeinsamen Bewegungsaktivitäten nachgehen.

Vor-wort

Bewegungserfahrungen, seelische und geistige Entwicklung hängen eng zusammen und beeinflussen sich gegenseitig. Es gibt keine Bewegung ohne geistig-seelische Prozesse. Die widersinnige Trennung von Körper, Geist und Seele in unserer kopflastigen Zeit muss erkannt und korrigiert werden.

Zum Aufbau von Kinderturnstunden

- Kinderturnstunden müssen so aufgebaut und gegliedert sein, dass eine kindliche Mitgestaltung stattfinden kann.

- Gefragt ist eine Atmosphäre, in der das praktische Tun auf Vertrauen und Lebensfreude basiert.

- Die Kinder spielen miteinander und nicht gegeneinander.

- Die Bewegungsaufgaben müssen so gestellt werden, dass Kinder mit Lust und Ausdauer entdecken, erproben, lösen und ihre eigene Kreativität entfalten können.

Für wen ist das Buch geschrieben?

Dieses Buch wendet sich an alle, die im Kindergarten, in der Grundschule oder im Verein kindgerechte Turnstunden anbieten wollen und nach neuen Anregungen und Ideen suchen. Die überaus positiven Reaktionen auf mein letztes Turnbuch „Die schönsten Turnstunden" haben mich motiviert, mir weitere phantasievolle Turnstunden für Kinder auszudenken und praxisnah zu formulieren. Auch die neuen, nun folgenden Übungseinheiten wurden vielfach erprobt und von den Kindern und bei Fortbildungen mit Erzieherinnen und anderen Gruppen begeistert aufgenommen.

Ziele der ausgewählten Stundenbilder

Bei den meisten der hier angebotenen Übungseinheiten spielen die Sinnes-, Körper- und Raumerfahrungen eine große Rolle.

- Kinder können so die Bewegungsmöglichkeiten ihres eigenen Körpers erproben, sie bewusst wahrnehmen und gezielt einsetzen.

- Sie werden befähigt, spielerisch und kreativ mit Materialien und Themen umzugehen und sich selbst in Beziehung zum anderen und zur Gruppe zu erfahren.

- Dabei werden langsam, aber stetig ihr Selbstwertgefühl und ihr Gemeinschaftssinn geschult – eine wichtige Voraussetzung dafür, dass sie sich zu glücklichen und gesunden Menschen entwickeln können.

Karin Schaffner

Melikes Traum vom Spielzeugland

Einleitung

Alle Kinder liegen gleichmäßig verteilt am Boden und „schlafen".

Geschichte

Melike schläft. Sie hat bald Geburtstag und weiß noch nicht, was sie sich wünschen soll. Da hat sie einen wunderbaren Traum. Eine Eisenbahn hält vor ihrem Bett und vorne steht groß, wohin die Reise geht: ins Spielzeugland. Melike beschließt mitzufahren und steigt ein.

Alle Kinder stellen sich hintereinander, legen die Hände auf die Schultern des Vorderkindes und dann geht die Reise los.

Die Eisenbahn fährt in Kurven, mal langsam, mal schnell, und endlich hält sie an. Melike und viele andere Kinder steigen aus.
Turnen wie beschrieben.

Hauptteil

Im Spielzeugland gibt es viel zu sehen und mitzumachen. Eigene Ideen der Kinder aufnehmen.

Beispiele

- Hampelmänner hampeln herum und freuen sich über den Besuch. Abb. 1.
Grätschsprung mit Handklatschen über dem Kopf, Schlusssprung mit Seitsenken der Arme.

- Kreisel drehen sich. Abb. 2.
Im Stand, Sitz, in der Bauch- oder Rückenlage am Ort drehen.

- Bälle rollen und hüpfen durch die Gegend. Abb. 3.
Seitwärts wälzen oder vorwärts rollen und hüpfen.

1 »

3 »

2 »

4 »

• Die schönsten Puppen tanzen mit eckigen Bewegungen herum und klimpern mit den Wimpern. Abb. 4.
Turnen wie beschrieben.

• Bären tanzen auf ihre tapsige Weise und brummen dazu: „Hin und her, hin und her, rundherum das ist nicht schwer." Abb. 5.
Im Grätschstand das Gewicht abwechselnd nach links und rechts verlagern und dann drehen.

• Feuerwehr- und Polizeiautos flitzen durch die Gegend, fahren vor- und rückwärts, wenden und parken ein. Abb. 6.
Turnen wie beschrieben in den Ausgangsstellungen Stand oder Sitz, vielleicht „löscht" das Feuerwehrauto sogar.

• Dann entdeckt Melike viele Hüpfseile und schon hüpfen alle Kinder und machen Kunststücke.
Mit einem imaginären Hüpfseil hüpfen.

• Luftballons werden aufgeblasen, losgelassen und flitzen dann bis sie wieder ohne Luft sind durch die Lüfte. Das macht Spaß!
Tief einatmen und dabei immer dicker werden, dann beim Ausatmen herumflitzen.

5 »

6 »

• Ein Riesenluftballon wird so lange aufgeblasen, bis er platzt.
Zum Kreis durchgefasst ganz eng zusammengehen Abb. 7a, *Schritt für Schritt zurückgehen* Abb. 7b, *evtl. bei jedem Schritt vernehmbar einatmen und wenn der Kreis ganz straff ist, loslassen und herumwirbeln.* Abb. 7c.

7a »

Die folgenden Beispiele werden paarweise ausgeführt.

• Malstifte und Blätter laden zum Malen ein.
A-Kind liegt als Blatt auf dem Boden und B-Kind malt auf den Rücken: Punkt, Punkt, Komma, Strich, fertig ist das Mondgesicht. Dann noch die zwei Ohren dran, Haare hat er auch, der Mann. Wechseln.

7b »

7c »

• Eine kleine Aufziehmaus wird immer wieder aufgezogen und läuft dann ein Stück. *A-Kind wartet in der Bankstellung, bis es von B-Kind aufgezogen wurde, und läuft dann los.* **Abb. 8.** *Wechseln.*

• Es gibt noch mehr Aufziehfiguren, zum Beispiel Hüpffrösche oder Roboter. *Die Kinder frei gestalten lassen.*

8 »

• Auch eine Spieluhr wartet darauf, aufgezogen zu werden. *In ihrer Mitte steht eine Tänzerin, die beim Drehen immer dieselben eckigen Bewegungen macht (oder eine andere, von den Kindern vorgeschlagene Figur). Dazu singt die Spieluhr Lalalalala.* **Abb. 9.** *Turnen wie beschrieben.*

Schlussteil

9 »

Die Eisenbahn kommt, um Melike und die Kinder wieder zu ihrem Bett zurückzubringen. Schnell einsteigen und abfahren. Es geht mal schnell, mal langsam und um viele Kurven. – Die Eisenbahn hält und – husch – liegen alle wieder in ihrem Bett. *Alle Kinder liegen wieder an ihrem Platz am Boden.*

Der Traum ist aus. Aber Melike weiß nun ganz genau, was sie sich zum Geburtstag wünscht. Wisst ihr es auch? *Gespräch über die Wünsche der Kinder.*

Weihnachten steht vor der Tür

Einleitung

- Es schneit. Alle Kinder tanzen zur Musik als Schneeflocken vom Himmel.

- Mit Musikende leise auf den Boden/die Erde sinken. Mehrmals wiederholen. Sicher wissen alle Kinder schon, was sie sich zu Weihnachten wünschen?!?

- Zur Musik vor-, rück- oder seitwärts gehen, laufen oder hüpfen. Mit Musikende gehen zwei Kinder zusammen und erzählen sich ihre Weihnachtswünsche. Mehrmals mit wechselndem Partner wiederholen.

Hauptteil

Teil A

Ein Winterbild gemeinsam betrachten und anschließend mit den eigenen Körpern „nachgestalten". **Abb. 1.**
Auf ein Signal (Zimbel, Rassel oder ähnliches Instrument) wird das Bild lebendig.

Beispiele

- Die Vögel picken Körner, hüpfen oder fliegen los, die Schlittschuhkinder machen Kunststücke auf dem zugefrorenen See, das Schneemann-Kind wird noch ein bisschen zurechtgeklopft, die Schneeball-Kinder bewerfen sich, das Schlittenkind wird gezogen und die restlichen Kinder tanzen als Schneeflocken herum.

Abb. 2 und 3. (Siehe nächste Seite)

1 »

2 »

3 »

Teil B

Was Kinder sich zu Weihnachten wünschen.
Mit den Kindern gemeinsam Ideen sammeln und ihre Umsetzung in Bewegung überlegen.

Bälle

- Der Ball kann rollen.
Sich klein machen und Rolle vorwärts oder seitwärts wälzen ausführen.

- Der Ball kann springen.
In der halben Hocke (Känguruhocke) vorwärts oder am Ort hüpfen.

Autos

- Im Stand oder Sitz vor- oder rückwärts fahren, ein- oder ausparken.

Puppen

- Marionettenhaft wie eine Puppe bewegen.
- Mit den Wimpern klimpern.
- Als Babypuppe krabbeln.

Stehaufmännchen

- Aus dem Sitz mit Schwung auf den Rücken rollen und sofortige Rückbewegung.

• Wie vor, aber aus dem Stand in Sitz- und Rückenlage kommen und Rückbewegung.

4 »

Kreisel

• In Bauchlage, Rückenlage, Sitz, Bankstellung oder Stand am Ort drehen.

Malstifte

• Mit dem Zeigefinger einen Schneemann auf den Boden malen. Erst den Bauch, dann den Kopf, dann den Hut. Evtl. noch das Gesicht malen: Punkt, Punkt, Komma, Strich ...

• Den Schneemann mit dem Zeigefinger in die Luft malen.

Hampelmänner

• Die Arme einzeln und gemeinsam heben und senken.
• Die Beine abwechselnd seitheben.
• Grätsche und Schlusssprung im Wechsel.
• Springen wie ein Hampelmann.

5 »

Feuerwehrauto

• Schnell mit „Tatütata" vorwärts laufen.
• Imaginären Wasserschlauch abwickeln und „löschen".

Aufzieh-Hunde

• Vorwärts krabbeln.
• Männchen machen.

Trommeln

• Verschiedene Rhythmen auf den Boden trommeln. Wer Lust hat, darf seinen Rhythmus vortrommeln und alle ahmen ihn nach.

Bausteine

• Drei bis vier Kinder gehen zusammen und bauen aus ihren Körpern ein „Kunstwerk". Abb. 4 und 5.

6 »

Kaleidoskop

• Drei bis sechs Kinder liegen sternförmig am Boden. Auf ein Signal bewegt und verändert sich das Bild, bleibt aber immer im Rahmen der runden Kaleidoskopform. Ist das Signal (Rassel, Glockenspiel) zu Ende, erstarrt das Bild. Abb. 6.

Bilderbücher

• Drei bis vier Kinder stehen mit ausgestreckten Armen eng hintereinander, die Hände auf einer Seite gefasst. Ein weiteres Kind kann das Buch nun „Blatt" für „Blatt" vor- oder rückwärts blättern, indem es die einzelnen Blattkinder an der jeweils freien Hand fasst und zur anderen Seite führt. Die Blattkinder dürfen die gefassten Hände nicht loslassen und das „geblätterte" Kind geht entsprechend vor- oder rückwärts. Abb. 7.

7 »

Schlussteil

Körperwahrnehmung: Sinans Wunschzettel

• Partnerübung: A-Kind sitzt im Strecksitz und B-Kind liegt quer in Bauchlage auf A-Kinds Schoß. B-Kinds Rücken ist der „Wunschzettel". Abb. 8.

8 »

Text	Bewegungsaufgabe
Sinan hüpft und springt und strahlt, *denn das Christkind kommt nun bald.*	Mit beiden Händen abwechselnd auf den Rücken patschen.
Deshalb holt er sich ein Blatt, *streicht es vor dem Schreiben glatt.*	Über den Rücken streichen.
Liebes Christkind, schreibt er munter, *komme bald zu mir herunter.* *Bringe schöne Sachen mit.* *Um ein paar ich extra bitt':*	Mit dem Zeigefinger auf den Rücken „schreiben".
Einen Fußball kugelrund, *ein paar Stifte, lang und bunt,* *ein Rennauto mit Achterbahn* *kann dann immer Achter fahr'n.*	Ball malen. Striche malen. Ununterbrochen eine Achterlinie malen.
Stennertkugeln zart aus Glas, *einen Luftballon voll Gas,* *eine Zickzack-Kugelbahn,* *ein Schächtelchen für meinen Zahn*	Viele Punkte malen. Großen Kreis malen. Zickzacklinie malen. Quadrat und Punkt hineinmalen.
und zum Streicheln wünsch' ich mir *ein kuschelweiches Schmusetier.* *So ein Kätzchen namens Grete.*	Mit beiden Händen den Rücken streicheln.
Außerdem hätt' ich gern Knete.	Rücken kräftig kneten.
Liebes Christkind, ach ich bitt', *bring mir davon etwas mit.* *Schenken ist ein schöner Brauch.*	„Schreiben".
Sinan kribbelt's schon im Bauch.	Kitzeln.
	Rollentausch.

Der Wind, der Wind, das himmlische Kind

1 »

Einleitung

Zur Musik vor-, rück- oder seitwärts gehen, laufen oder hüpfen. Mit Musikende die aufgerufenen Begriffe darstellen.

- Windmühle Abb. 1
- Wirbelwind
- Windhund Abb. 2
- Windstille Abb. 3
- Luftpumpe
- Windröschen, eine Blume
- Wellen
- Windpocken Abb. 4
- Sturm
- Flötenspiel
- tanzende Herbstblätter

Die Kinder werden bei einzelnen Begriffen verschiedene Darstellungsmöglichkeiten finden. Alle gelten lassen! Sie werden zum Beispiel die Welle im Stand mit den Händen und Armen darstellen oder im Laufen den ganzen Körper einsetzen oder im Liegen als Welle seitwärts rollen.

2 »

3 »

4 »

Rhythmisches Bewegungsspiel
Offene Aufstellung, alle Kinder stehen zu Paaren hintereinander. Das hintere Kind klopft mit dem Zeigefinger, rhythmisch zum Text, am Rücken des Vorderkindes an:
„Knusper, knusper, knäuschen, wer knuspert an deinem Häuschen". **Abb. 5.**

5 »

Das hintere Kind tanzt als Wind um alle Vorderkinder herum und bleibt mit dem letzten Wort stehen:
„Der Wind, der Wind, das himmlische Kind tanzt um alle Häuser geschwind!"

Das vordere Kind hat sein Windkind mit den Augen aufmerksam verfolgt und läuft geschwind zu ihm hin. Das Spiel beginnt mit vertauschten Rollen von vorn usw.

Hauptteil

Teil A

Sinneswahrnehmung: Fühlen
Die Kinder sitzen im Kreis am Boden.
Haltet eure Innenhände nebeneinander vor euren Mund und pustet sie zart an. Der zarte Wind bläst nach und nach jede Stelle der Innenhände an, von den einzelnen Fingerspitzen bis zu den Handballen und Daumen. Abb. 6.

6 »

Kann der zarte Wind auch noch andere, nackte Körperteile von euch anpusten (zum Beispiel Handrücken, Unterarme, Beine, Füße)? Fühlt eure Haut den zarten Wind? Haltet eure Innenhände wieder dicht vor den Mund und haucht sie an. Haucht auch die anderen freien Körperstellen an. Merkt ihr den Unterschied? Ja, Hauchen ist wärmer und schwächer fühlbar als Pusten!

7 »

Partnerwindspiele

Nehmt euch ein Partnerkind und sucht euch einen Platz im Raum. Jeweils ein Kind ist der Wind. Bei allen Spielen den Rollenwechsel nicht vergessen. Was macht/kann der Wind?

Vorschläge der Kinder aufgreifen und spielen lassen

Beispiele

- Der Wind pfeift um die Häuser: Das Hauskind formt mit den Händen ein Dach über dem Kopf und das Windkind läuft um die Häuser herum. Abb. 7.

- Der Wind rüttelt an den Bäumen: Das Baumkind streckt die Astarme hoch und wird vom Windkind leicht gerüttelt.

8 »

- Der Wind jagt die Wolken am Himmel: Das Windkind schiebt das Wolkenkind vorwärts. Abb. 8.

- Der Wind lässt Wellen übers Meer rollen: Das Windkind rollt das liegende Wellenkind vorwärts.

- Der Wind wiegt Gräser und Blumen: Das Windkind wiegt das Blumenkind sanft hin und her.

- Der Wind tanzt über die Wiese: Die Windkinder tanzen um die Blumenkinder herum.

9 »

- Der Wind zerrt am Drachen: Das Windkind zieht das Drachenkind an der Hand hinter sich her.

- Der Wind bläst Segelschiffe vorwärts: Das sitzende Schiffskind wird vom Windkind an den Füßen vorwärts gezogen. Abb. 9.

• Der Wind kann Brücken einreißen: Das Brückenkind steht im Winkelliegestütz mit gegrätschten Beinen und das Windkind versucht, die Brücke umzuwerfen. Abb. 10.

10 »

• Der Wind kriecht durch alle Ritzen: Das Ritzekind steht im Winkelliegestütz mit gegrätschten Beinen und das Windkind kriecht unten und zwischen den Armen und Beinen durch.

• Der Wind streicht zart über schlafende Kinder: Das Windkind bläst zart die freien Körperteile des liegenden und „schlafenden" Kindes an. Zuletzt erzählen die „aufgewachten" Kinder, wo sie den Wind gefühlt haben. Abb. 11.

11 »

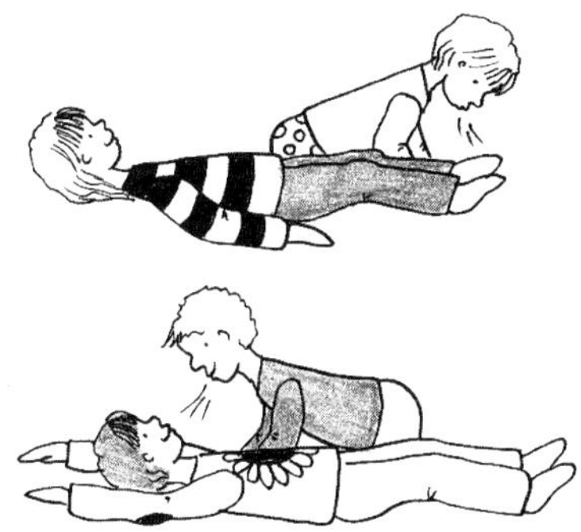

Schlussteil

Reaktionsspiel: „Geschichte vom Fliegen"
Die Kinder sitzen in offener Aufstellung am Boden. Die Geschichte wird erzählt und immer, wenn der Begriff „fliegen" auftaucht, laufen, tanzen oder wirbeln die Kinder kurz herum und setzen sich dann wieder hin. Für diese Darstellungen müssen beim Erzählen entsprechende Pausen eingelegt werden.

Geschichte
Mutter, Vater und die Kinder sitzen im Wohnzimmer. Draußen ist es sehr stürmisch. Der Vater sagt: „Heute bleiben wir im Haus. Draußen würden wir sonst davon*fliegen!*

Die Kinder schauen aus dem Fenster. Sie sehen die Wäsche im Hof auf der Leine flattern und eine Socke davon*fliegen!*

• Solch ein Sturm! Der Wind heult ums Haus. Er reißt einer Frau den Hut vom Kopf. Der Hut *fliegt* weg und die Frau läuft hinterher. So ein Wind! Die Kinder schauen zum Himmel und sehen, wie die Wolken schnell dahin*fliegen.*

• Doch am Himmel ist noch mehr zu sehen, denn der Wind macht einigen Vögeln Spaß. Sie lassen sich vom Wind treiben und *fliegen* immer höher hinauf.

• In der Ferne sehen die Kinder zwei Mädchen, die ihren Drachen steigen lassen. Der Wind bläst den Drachen an und der Drache zerrt an der Schnur. Er *fliegt* immer höher und höher.

• Die Mutter setzt sich an den Computer, um zu schreiben. Ihre Finger *fliegen* über die Tasten. Endlich ist sie fertig. Sie nimmt das Bilderbuch vom Struwwelpeter und schlägt die Geschichte vom *„Fliegenden* Robert" auf. Die Kinder wollen aber lieber raus zum *fliegenden* Drachen. Das erlauben die Eltern nicht. Bald streiten die Kinder so sehr, dass die Fetzen *fliegen!* „Hört endlich auf zu streiten!", ruft die Mutter genervt und schlägt das Bilderbuch zu.

• „Schluss jetzt!", brüllt nun auch der Vater, „sonst *fliegt* ihr hier raus!" Die Kinder vertragen sich wieder und *fliegen* als Flugzeuge ins Kinderzimmer, wo sie nun friedlich spielen. Endlich werden sie müde und die Eltern bringen sie ins Bett. Wovon sie dort träumen, wollt ihr wissen? Natürlich vom *Fliegen!*

Alternative: Spiel „Windfang"

• Alle Kinder erhalten eine luftdichte Plastiktüte. Schnell laufen oder sich drehen und dabei die Tüte so offen halten, dass sie sich dabei mit Luft füllt. Abb. 12.

Oben die Tüte dicht verschließen (mit Knoten oder Gummi). Mit diesem Luftsack dürfen die Kinder zum Abschluss experimentieren und ihn mit nach Hause nehmen. Abb. 13.

12 »

13 »

Zu zweit miteinander turnen

Einleitung

- Zur Musik einzeln gehen, laufen, hüpfen. Mit Musikende umarmen sich zwei Kinder. *Mehrmals wiederholen, darauf achten, dass sich viele Kinder einmal umarmt haben.*

- Mit Musikende begrüßen sich die aufgerufenen Körperteile durch Antippen, Reiben, Berühren.

Hauptteil

Zu Paaren zusammengehen.

Baumstammrollen

- A-Kind liegt am Boden und wird von B-Kind vorwärts gerollt. Abb. 1. *Wechseln.*

Aufgabe

Könnt ihr euch auch gleichzeitig zusammen vorwärts rollen? Ihr müsst aber in irgendeiner Weise miteinander verbunden sein.

Beispiel

- An den Händen gefasst oder mit den Füßen Kontakt halten. Abb. 2. *Alle Lösungen werden gezeigt und ausprobiert.*

1 »

2 »

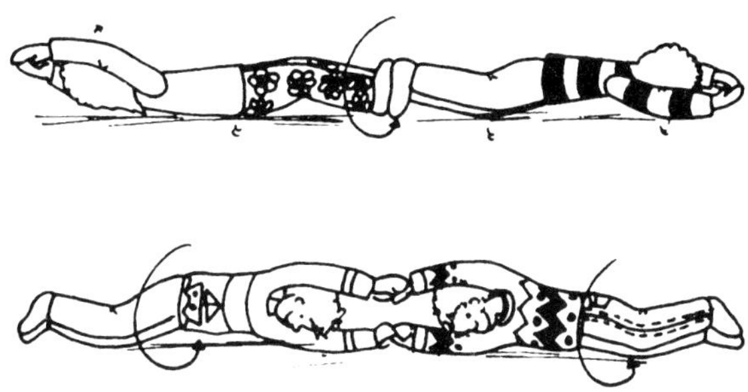

Brückenspiel

- A-Kind baut eine Brücke und führt anschließend sofort Bauchlage aus, B-Kind krabbelt unten durch und hüpft anschließend oben drüber. Abb. 3.

Mehrmals durchführen, dann wechseln.

Pferd und Reiter

- A-Kind sitzt im Reitersitz auf dem in Bankstellung befindlichen B-Kind. Das Pferdchen ist ganz lieb und wirft den Reiter nicht ab. Erst mit Musikende oder auf Zuruf bäumt sich das Pferdchen auf und der Reiter fällt runter. Abb. 4.

Wechseln und mehrmals wiederholen.

3 »

Hindernislaufen

- A-Kind und B-Kind hintereinander: Das vordere Kind geht in die Bankstellung, das hintere Kind geht in der Grätschstellung oben drüber.

Fließender Wechsel.

- A-Kind und B-Kind hintereinander: Das vordere Kind steht im Grätschstand, das hintere Kind krabbelt unten durch nach vorn. Abb. 5. *Fließender Wechsel.*

4 »

5 »

Der Stein muss weg

• A-Kind rollt sich so klein wie möglich zusammen im Sitz oder Liegen. B-Kind versucht, den „Stein" vom Fleck zu bewegen. Abb. 6.
Wechseln.

Auf den Po schlagen

• Versucht, eurem Partner auf den Po zu schlagen, ohne selbst erwischt zu werden.

Auf die Füße treten

• Versucht, eurem Partner auf die Füße zu treten, ohne selbst erwischt zu werden. Abb. 7. Jetzt wollen sich die Füße wieder vertragen und streicheln sich. Auch die Popos aneinander reiben zum Zeichen der „Versöhnung". Abb. 8.

Abschleppdienst

• A-Kind schleppt B-Kind ab. Jedes Paar überlegt sich eine Abschlepp-Möglichkeit, die von allen nachgeahmt wird. Abb. 9.
Wechseln.

6 »

7 »

8 »

9 »

Führen – Folgen

Spiegelbild

Im Fersensitz gegenüber, A-Kind schaut in den Spiegel und führt irgendwelche Handlungen/Bewegungen aus, die vom „Spiegelbild" exakt nachgeahmt werden. *Wechseln.*

Vormacher – Nachmacher

A-Kind führt in der Fortbewegung selbst erdachte Übungen aus, die von B-Kind nachgeahmt werden.
Wechseln.

Vertrauensspiel

A-Kind hat die Augen geschlossen und wird von B-Kind geführt.

Rhythmik

- Fritz, Fratz, Friederich: Fritz (Klatsch auf die Oberschenkel), Fratz (Klatsch in eigene Hände), Friederich (dreimal beidhändig in Partnerhände klatschen), warum (Klatsch auf die Oberschenkel) bist du (Klatsch in eigene Hände) so liederlich (dreimal beidhändig in Partnerhände klatschen)? Ich bin doch gar nicht liederlich (mit vier Stampfern im Kreis drehen), ich heiß nur (gegenseitig mit den Fingern drohen) Fritz (Klatsch auf Oberschenkel) Fratz (Klatsch in eigene Hände) Friederich (dreimal beidhändig in Partnerhände).

Händesuchspiel

- Stand gegenüber, beide Handflächen aneinander, Augen schließen. Beide drehen sich mit geschlossenen Augen gleichzeitig einmal im Kreis und versuchen die Partnerhände wiederzufinden. Abb. 10.

Schlussteil

Fußsohlen-Klebespiel

Zu Paaren zur Musik herumgehen, -laufen, -hüpfen, mit Musikende „kleben" die Partnerfußsohlen schnell aneinander. Mehrmals wiederholen und immer neue Stellungen ausdenken. Abb. 11.

11 »

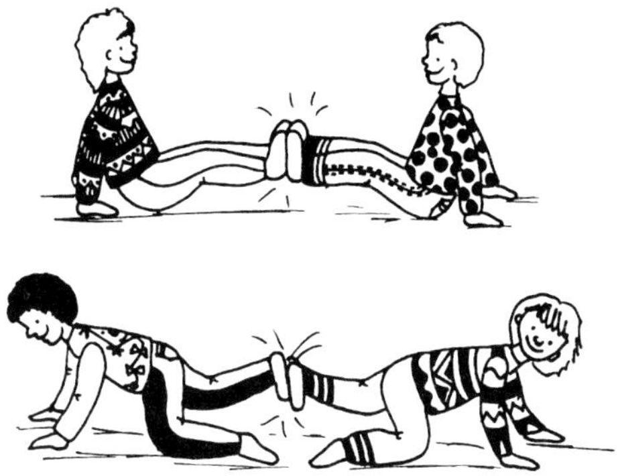

10 »

Was man mit Stäben alles machen kann

Einleitung

Wir turnen heute mit einem Gerät, das ihr erraten sollt. Es ist lang, gerade, hart, steif, starr, trotzdem kann es rollen. Es kann aus Holz oder Plastik sein. Was ist das?
Ja, der Stab.
Jedes Kind bekommt einen Stab.
Auf Verletzungsgefahren hinweisen.
Anschließend die Kinder experimentieren lassen. Sie werden den Stab rollen, tragen, schieben, balancieren, als Hindernis benutzen, ihn umfallen lassen oder mit ihm klopfen.

Hauptteil

1. Aufgabe
Bewegt euch in den verschiedenen Ausgangsstellungen fort und malt euren Weg gleichzeitig mit einem Stabende auf den Boden.

Beispiele
- Beim Vor- oder Rückwärtsgehen den Stab, an einem Ende ein- oder beidhändig gefasst, vor sich herschieben/hinter sich herziehen. Abb. 1.

- Im Sitz, in der Bauch- und Rückenlage oder Bankstellung den Stab am einen Ende gefasst vor sich herschieben oder hinter sich herziehen. Abb. 2.

2. Aufgabe

Denkt euch Rollübungen mit dem Stab aus.

Beispiele

- Den Stab in den verschiedenen Ausgangsstellungen mit den Händen oder Füßen vor- oder rückwärtsrollen. Abb. 3.

- Den Stab im Sitz (Beine gestreckt) auf den Beinen hin- und herrollen, dabei im Wechsel die Beine und das Becken anheben. Abb. 4.

- Im Hocksitz den Stab von den Knien an die Unterschenkel abwärts rollen lassen. Abb. 5.

3 » 4 » 5 »

3. Aufgabe

Denkt euch Übungen am stehenden Stab aus.

Beispiele

- Den stehenden Stab kurz loslassen und in die Hände klatschen oder sich schnell einmal herumdrehen. Abb. 6.

- Den Stab loslassen und kurz vor dem Boden auffangen.

- In der Bauchlage mit den Händen am stehenden Stab auf- und abwandern. Abb. 7.

- Mit dem unteren Ende des Stabes auf den Boden klopfen. Abb. 8.

- Den Stab mit einer Hand am oberen Ende gefasst: Um den Stab gehen oder hüpfen. Abb. 9.

- Durch das Tor, das Stab und Körper bilden, hindurchschlüpfen. Abb. 10.

6 » 7 » « 8 9 » 10 »

4. Aufgabe
Denkt euch Übungen am liegenden Stab aus.

Beispiele

- Auf Händen und Füßen so über den Stab laufen, dass der Stab jeweils zwischen den Händen und zwischen den Füßen liegt.

- Die Hände laufen auf der einen Stabseite und gleichzeitig die Füße auf der anderen Seite entlang. Abb. 11.

- Barfuß auf dem Stab vor- oder seitwärts balancieren. Abb. 12.

- Im Stand vor der Stablängsseite Schrittwechsel hüpfen.

- Schlusssprünge vor-, rück- oder seitwärts über den Stab ausführen. Abb. 13.

- In der Hocke die Hände auf der anderen Stabseite aufstützen und mit den Füßen sofort hinterherspringen. Abb. 14.

5. Aufgabe
Denkt euch Balancieraufgaben mit dem Stab aus.

Beispiele

- In der Fortbewegung den senkrechten Stab auf einer Hand balancieren, die andere Hand sichert. Abb. 15.

- Den Stab waagerecht auf den Handflächen balancieren und dabei vor-, rück- oder seitwärts gehen.

- Im Strecksitz vor- oder rückwärts rutschend den Stab auf den flachen Händen oder den Beinen balancieren. Abb. 16.

- In der Fortbewegung den Stab auf Nacken, Schultern oder Armen balancieren. Abb. 17.

13» 14» 12» 11»

15» 17» 16»

Schlussteil

• Legt aus allen Stäben einen Zickzackweg. Geht an der eckigen Form entlang. Abb. 18.

• Malt die Form mit eurem Finger auf den Boden.

• Malt die Form mit geschlossenen Augen in die Luft.

• Legt die Form mit euren Körpern nach und werdet dabei selbst zu Stäben und gemeinsam zu einem Zickzackweg. Abb. 19.

• Partnerübung. Malt euch abwechselnd gegenseitig die Zickzackform auf den Rücken.

• Alle gehen zu ihrem Stab: Wer weiß noch, wo der eigene Stab liegt? – und räumen ihn leise weg.

18 »

19 »

Eine Ballturnstunde mit viel Spaß und Bewegung

Einleitung

Kiste mit Bällen so auskippen, dass sie alle wegrollen.

• „Fangt euch einen Ball!"

Aufstellung am Hallenende
• Rollt euren Ball mit Schwung zum anderen Hallenende und versucht, eher als euer Ball dort anzukommen. Abb. 1.

• Rollt euren Ball weg und umkreist ihn ununterbrochen. Abb. 2.

• Rollt euren Ball weg, macht eine halbe Drehung und lasst den entgegenkommenden Ball durch die gegrätschten Beine rollen. Abb. 3.

• Rollt den Ball weg, macht eine halbe Drehung und überhüpft den entgegenkommenden Ball Abb. 4.
Ball nicht in Rollrichtung überhüpfen. Unfallgefahr!

1 »

2 »

4 »

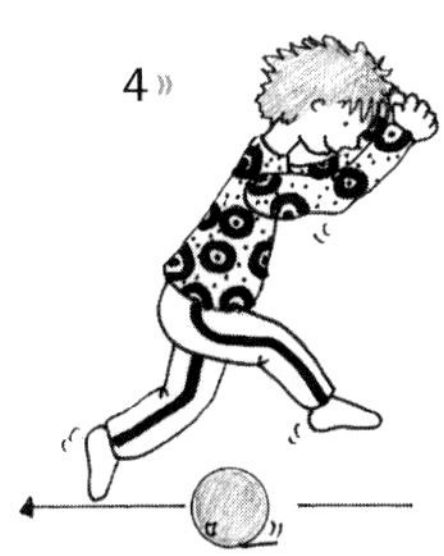

3 »

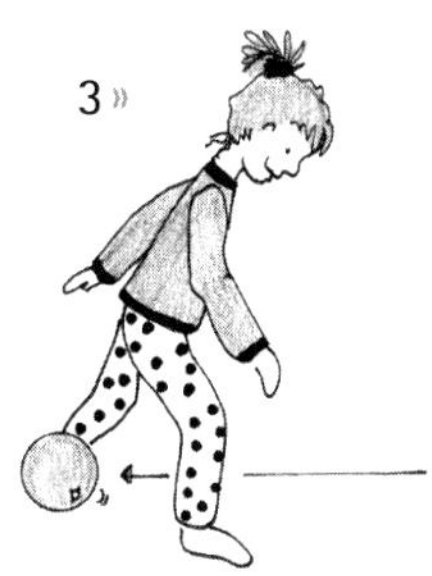

Hauptteil 1

Einzelübungen mit dem Ball

1. Aufgabe
Denkt euch weitere Möglichkeiten aus, den Ball wegzurollen.

Beispiele
• Ball durch die gegrätschten Beine nach hinten rollen.

• Ball beidhändig gefasst auf dem Rücken: Tief verbeugen und den Ball über Rücken und Kopf wegrollen lassen.

• Ball mit dem Kopf, Ellenbogen, Knie oder Fuß wegstoßen.

2. Aufgabe
Denkt euch „Wegwerfübungen" aus.

Beispiele
• Ball im Sitz über den Kopf nach hinten werfen.

• Ball im Sitz zwischen die Füße klemmen: Mit Schwung auf den Rücken rollen und den Ball über den Kopf nach hinten werfen.

• Ball im Stand oder Sitz im Nacken halten und mit Schwung über den Kopf nach vorn werfen.

• Ball im Stand in Tiefhalte: Schräg vorhoch werfen.

Hauptteil 2

Partnerübungen mit einem Ball

1. Aufgabe
Transportiert den Ball gemeinsam, indem ihr ihn zwischen zwei Körperteile klemmt.

Beispiele
• Stand gegenüber, den Ball mit den Händen halten und vor-, rück- oder seitwärts gehen.

• Wie vor, aber den Ball nur mit den Zeigefingern berühren.

• Den Ball zwischen die Köpfe, die Bäuche oder die Rücken klemmen und sich fortbewegen. Abb. 5a und b.

• Stand hintereinander: Ball zwischen den Rücken des vorderen und den Bauch des hinteren Kindes klemmen und fortbewegen. Abb. 5c.
Wechseln nicht vergessen!

5c »

5a »

« 5b

2. Aufgabe

Der Ball umrollt Hindernisse. Ein Kind baut sich in verschiedenen Stellungen als „Hindernis" auf, das Partnerkind umrollt dieses mit dem Ball.

Beispiele

- A-Kind baut Winkelliegestütz mit gegrätschten Beinen und B-Kind rollt den Ball in Form der liegenden Acht um die Hände oder um die Füße oder unter dem Bauch hindurch.

- A-Kind rollt sich am Boden so klein wie möglich zusammen und B-Kind rollt den Ball außen herum.

- Wie vor, aber A-Kind macht sich am Boden so lang wie möglich. Abb. 6.

- A-Kind steht im Grätschstand und B-Kind rollt den Ball ununterbrochen um ein Bein oder in Form der liegenden Acht um beide Beine herum. Abb. 6.

Wechseln nicht vergessen!

3. Aufgabe

Denkt euch immer neue „Zuwerf"-Übungen aus.

Beispiele

- Den Ball im Stand, Sitz oder in der Bauchlage zuwerfen. Abb. 8.

- Das werfende Kind nimmt verschiedene Ausgangsstellungen ein, das fangende Kind steht.

- Mit Abstand hintereinander stehen. Das vordere Kind wirft den Ball über den Kopf nach hinten. Abb. 7.

- Wie vor, aber das vordere Kind wirft den Ball durch die gegrätschten Beine zurück.

- Wie vor, aber das vordere Kind hat den Ball im Sitz mit den Füßen gefasst und wirft ihn über den Kopf nach hinten. Abb. 8.

Wechseln nicht vergessen!

6 »

7 »

8 »

4. Aufgabe
Prellt den Ball im Wechsel.

Beispiele
• Stand gegenüber. A-Kind prellt den Ball fünf Mal vor dem Körper und B-Kind macht nahtlos weiter. Abb. 9.

• Mit großem Abstand gegenüberstehen und sich den Ball zuprellen.

• Wie vor, aber immer nach dem Wegprellen des Balles eine ganze Umdrehung am Ort machen.

• Vier Mal am Ort prellen und dann den Ball zum Partnerkind wegprellen. Abb. 9.

9 »

Schlussteil

„Wackelbett"

Eine Matte, am besten eine Weichbodenmatte, und viele Medizinbälle.

So viele Bälle wie möglich unter der Matte platzieren. Ein Kind sitzt, kniet oder liegt auf der Matte. Alle anderen bewegen die Matte auf den Bällen hin und her. Abb. 10.

10 »

Gedicht	Bewegungsaufgabe
Kaum ist das Kind in seinem Bett	Langsam bewegen ...
Und denkt „Hier ist es wirklich nett",	
beginnt der wilde Spuk im Nu	etwas steigern ...
und lässt ihm einfach keine Ruh.	
Es quietscht das Bett und ruckt und zuckt,	immer mehr bewegen ...
als hätt' es einen Frosch verschluckt!	
Es wackelt hin und wackelt her,	
wie ein betrunkner Zottelbär!	noch mehr bewegen ...
Es zippelt und es zappelt so,	
als müsst es dringend mal aufs Klo!	stark bewegen ...
Es schwankt mal hin und schwankt mal her,	
grad wie ein Schiff bei Sturm im Meer!	ganz stark bewegen ...
Doch dann wird's langsamer und steht.	weniger und halt.
Wie's nun wohl unsrem Kindchen geht???	
Natürlich gut!	

Sicher wollen alle Kinder mal ins Wackelbett!

Vielfältiger Umgang mit dem Ball

Einleitung

Experimentierphase

Jedes Kind bekommt einen Ball und kann ausprobieren, was man mit dem Ball alles machen kann. Die Kinder werden versuchen, den Ball zu werfen, zu rollen, zu prellen, zu tragen, zu balancieren und zu fangen.

1 »

2 »

Hauptteil

1. Aufgabe

Überlegt euch Möglichkeiten, wie ihr den Ball mit eurem Körper transportieren könnt.

Beispiele

- Ball in Bauch- und Rückenlage, Sitz oder Stand zwischen die Füße klemmen und fortbewegen. Abb. 1.

- Ball in Bauchlage, Kniestand oder Bankstellung unter einen Arm klemmen und fortbewegen.

- Ball im Stand beidhändig gefasst in Vor- oder Hochhalte, auf dem Nacken oder hinter dem Rücken tragen. Abb. 1 und 2.

- Ball im Stand auf einer Hand in Vor- oder Seithalte balancieren.

- Ball im Krebsgang auf dem Bauch tragen. Abb. 2.

- Ball im Stand oder Sitz mit zwei Fingern festhalten und fortbewegen.

2. Aufgabe
Bewegt euch ununterbrochen am Ort in unterschiedlichen Ausgangsstellungen, ohne den Ball zu verlieren.

Beispiel
• Mit dem Ball, beidhändig gefasst auf dem Kopf, zum Strecksitz kommen, von dort aus die Bauchlage einnehmen und seitwärts in die Rückenlage rollen. In der Rückenlage den Ball zwischen die Füße klemmen und mit Schwung zum Strecksitz kommen.

3 »

3. Aufgabe
Den Ball aus verschiedenen Positionen fallen lassen und versuchen, ihn nach dem Aufprall zu fangen.

Beispiele
• Ball im Stand aus der Vor- oder Hochhalte fallen lassen und fangen.

• Wie vor, aber mit Fangen nach Handklatsch oder einer Umdrehung.

• Ball im Stand hinter dem Körper fallen lassen und nach einer halben Drehung fangen. Abb. 3.

• In Bauchlage, Grätschsitz oder Kniestand den Ball fallen lassen und fangen. Abb. 3.

4 »

4. Aufgabe
Wer kann den Ball nach dem Fallenlassen noch fangen, bevor er den Boden berührt?

Beispiele
• In der Rückenlage den Ball in Hochhalte zwischen die Füße klemmen: fallen lassen und sofort fangen. Abb. 4.

• Den Ball im Stand aus der Hochhalte hinter den Rücken fallen lassen und ohne oder mit einer halben Drehung fangen. Abb. 4.

5. Aufgabe

Den Ball am Ort mit verschiedenen Körperteilen rollen oder kreiseln, ohne ihn dabei zu verlieren. Körperteile auf dem Ball kreiseln lassen.

Beispiele

- Den auf einer Hand liegenden Ball mit der anderen Hand hin- und herrollen oder kreiseln.

- Die Hand oder den Fuß auf dem am Boden liegenden Ball kreiselnd bewegen. Abb. 5.

- Den Kopf oder den Unterarm auf dem liegenden Ball kreiselnd bewegen.

- Mit dem Po auf dem Ball sitzend kreiselnde Bewegungen ausführen. Abb. 5.

- In der Bauchlage mit steifem Körper auf dem Ball hin- und herrollen. Abb. 5.

6. Aufgabe

Versuchen, den Ball zu prellen und zu fangen.

Beispiele

- Beidhändig einmal prellen und fangen.

- So stark prellen, dass der Ball hoch über den Kopf springt, anschließend fangen.

- Mit einer oder beiden Händen den Ball ununterbrochen prellen.

- Den Ball im Grätschsitz oder Kniestand prellen.

5 »

7. Aufgabe
Den Ball an die Wand werfen und versuchen, ihn zu fangen. Wer kann vor dem Fangen noch Schwierigkeiten einbauen?

Beispiele
- Vor dem Fangen ein- oder mehrmals in die Hände klatschen.

- Fangen in einer anderen Ausgangsstellung.

8. Aufgabe
Beim Rollen oder Werfen des Balles Hindernisse treffen, durch Hindernisse werfen und den Ball danach wieder fangen. Kinder und Bälle sind ununterbrochen in Bewegung.

Beispiele
- An den schaukelnden Ringen einen Reifen befestigen und versuchen, hindurchzuwerfen. Abb. 6.

- Kastenoberteil umgedreht aufstellen und versuchen, hineinzuwerfen. Abb. 6.

Weitere Aufgaben
- Schachteln oder Waschmitteltonnen aufstellen. Abb. 7.

- An der Wand einen Reifen befestigen.

- Einen Medizinball auf einen Bock legen. Abb. 8.

Schlussteil

Mannschaftsspiel. „Abwerfen"
Mit einem Softball spielen lassen, damit kein Kind Angst vor dem Ball entwickelt.
Zwei Mannschaften stehen sich in zwei Spielfeldern gegenüber. Die Leiterin wirft den Ball in die Mitte und die Mannschaften versuchen, ihn zu fangen. Das Abwerfen der Kinder aus der gegnerischen Mannschaft kann beginnen. Wer getroffen ist, wechselt das Spielfeld. Dadurch wird es ein „Endlosspiel", bei dem es keinen Verlierer gibt. Sollte aber doch ein Spielfeld plötzlich leer sein, sind alle Kinder auf der „Gewinnerseite".

6 »

7 »

8 »

Die kleinen Gespenster

Einleitung

Die kleinen Gespenster müssen bis zwölf zählen können, denn immer um zwölf Uhr ist Geisterstunde. Heute wird in der Gespensterschule fleißig geübt.

• Gespenster müssen auch viel Phantasie haben, deshalb denken sie sich neue Lösungen aus, zum Beispiel mit Musikende bilden entsprechend viele Kinder einen Kreis Abb. 1 und drehen sich, umarmen sich, oder stellen/setzen/legen sich nebeneinander.

1 »

• Zur Musik herumgehen, -laufen, -hüpfen. Mit Musikende wird eine Zahl zwischen eins und zwölf aufgerufen, und entsprechend viele Gespenster fassen sich an den Händen und laufen „huhu"-rufend durch die Halle. Abb. 2.

2 »

Hauptteil

Weil die Gespenster schon gut bis „zwölf" zählen können, bekommen sie ihr Zaubergewand (Kopfkissenüberzug). Damit wird gespielt und geübt.

1. Aufgabe

„Wind machen!"

Beispiele

- Am Ort drehen und den Bezug mit einer Hand gefasst flattern lassen.

- Bezug mit einer Hand gefasst, vor oder neben dem Körper kreisen.

- Bezug über dem Kopf kreisen lassen.

- Bezug beidhändig gefasst hoch-tief schwingen oder schütteln.

- Vorwärts laufen und Bezug flattern lassen. Abb. 3.

2. Aufgabe

Bezug hochwerfen und mit verschiedenen Körperteilen auffangen.

Beispiele

- Mit den Händen hochwerfen und mit Kopf, Hand, Bauch, Rücken, Knie oder Fuß fangen. Abb. 4.

- Bezug im Sitz mit den Füßen hochwerfen und mit den Händen fangen. Abb. 4.

- Im Stand mit einem Fuß hochwerfen und mit Kopf, Hand oder Arm fangen usw. Abb. 4.

4 »

3 »

3. Aufgabe
Übungen mit den Füßen

Beispiele
• Im Sitz den Bezug mit den Füßen falten und wieder entfalten.

• Im Stand oder Sitz Bezug mit den Füßen knüllen. Abb. 5.

5 »

• Im Stand Bezug mit den Füßen fassen und in die Hände übergeben. Abb. 5.

• Im Sitz den Bezug mit den Füßen ausschütteln.

• Rückwärts gehen und den Bezug mit den Füßen gefasst hinterherziehen. Abb. 6.

4. Aufgabe
Fortbewegungsarten auf dem Bezug

6 »

Beispiele
• Beide Füße stehen auf dem Bezug und rutschen vorwärts.

• Ein Fuß steht auf dem Bezug und rutscht vorwärts, der andere Fuß läuft nebenher.

• Die Hände schieben in der Bankstellung den Bezug vorwärts.

• Im Kniestand, Fersensitz oder Sitz auf dem Bezug vorwärtsrutschen.

• Sackhüpfen. Abb. 7.

7 »

5. Aufgabe
„Geistern"
Bezug über Kopf und Oberkörper stülpen und in verschiedenen Ausgangsstellungen vor-, rück- oder seitwärts bewegen. Huhuhu! Abb. 8.

Schlussteil

Die Gespenster haben alles gut gemacht und dürfen das erste Mal an einer Geisterstunde teilnehmen. Alle liegen ganz still am Boden. Gleich schlägt es „zwölf". Ist das spannend und unheimlich!

Die Übungsleiterin schlägt auf dem Tamburin: Eins – zwei – drei – vier – fünf – sechs – sieben – acht – neun – zehn – elf – zwölf!
Alle Geister gehen, tanzen oder rutschen „huhu" rufend herum, bis die Uhr eins schlägt. Dann liegen sie alle wieder ruhig am Boden.

8 »

Spiele mit dem Luftballon

Benötigte Materialien. Vier bis fünf Mal so viel Luftballons wie Kinder. Für den Schluss ein Schwungtuch bzw. mehrere Bettlaken, Matten oder Bettbezüge.

Einleitung

Die gesamte Gruppe erhält zunächst nur einen Luftballon.

- Könnt ihr ihn ununterbrochen in der Luft halten? Der Luftballon darf nicht den Boden berühren. Den Luftballon mit verschiedenen Körperteilen hochtupfen oder -schlagen.

- Nach und nach werden immer mehr Luftballons ins Spiel gegeben, bis für jedes Kind ein Luftballon vorhanden ist. Abb. 1.

1 »

Hauptteil

Luftballonkonzert

1. Aufgabe
Probiert, welche Geräusche ihr dem Luftballon entlocken könnt.
Die Kinder experimentieren lassen. Danach werden verschiedene Beispiele vorgeführt und von allen nachgeahmt.

Beispiele
- Mit der flachen Hand auf den Luftballon schlagen.

- Zart oder kräftig über den Luftballon streichen.

- Am Luftballon kratzen.

- Den Luftballon zwicken, langziehen und schnalzen lassen.

- Mit dem Luftballon auf ein Körperteil oder den Boden tupfen oder schlagen. Abb. 2.

2 »

2. Aufgabe
„Wunschkonzert"
„Guten Tag, liebe Hörerinnen und Hörer. Hier ist der Kinderfunk mit dem Wunschkonzert. Unser Kinderorchester hat die Instrumente eingestimmt und sie hören nun drei beliebte Kinderlieder."

Die Leiterin hält beim Sprechen ein imaginäres Mikrofon vor den Mund, es kann aber auch ein Keulenkopf oder Ähnliches sein. Die Kinder entscheiden sich für drei Lieder, die sie dann gemeinsam singen und auf den Luftballons rhythmisch begleiten.

„Das war's, meine lieben Hörerinnen und Hörer. Ich hoffe, es hat ihnen gefallen. Auf Wiederhören!"

3. Aufgabe
Selbst ein Luftballon sein
Legt euren Luftballon beiseite und beobachtet genau, was nun passiert.
Die Leiterin nimmt einen unaufgeblasenen Luftballon und bläst ihn auf. Dann lässt sie die Luft wieder entweichen.

Könnt ihr auch so ein Luftballon sein? Wer genau aufgepasst hat, wird nicht auf einmal tief Luft holen, sondern mit Zwischenstopps. Anfangs ganz entspannt und „schlapp" sein, dann Luft holen – stop – Luft holen – stop, usw., bis der „Luftballon" ganz prall ist. Zuletzt die Luft je nach Lust auf ssss, pfff oder prrr hinauslassen und wieder schlapp zusammensinken. Abb. 3.
Mehrmals üben.

3 »

4. Aufgabe
Luftballontransport
Denkt euch eine Transportart aus und beginnt auf ein Signal (Musikstop, Tamburin, Zuruf) sofort mit einer neuen Transportübung.

Beispiele
- Den Luftballon mit einer Hand oder mit beiden Händen gefasst vor-, rück- oder seitwärtsgehen, laufen oder hüpfen.

- Den Luftballon mit zwei Fingern gefasst und Seitgalopp. Abb. 4.

- Den Luftballon zwischen die Knie klemmen und vorwärts hüpfen. Abb. 4.

- Den Luftballon im Krebsgang auf dem Bauch balancieren. Abb. 4.

- Den Luftballon im Sitz zwischen die Füße klemmen und rückwärts rutschen.

- Langsam vorwärts gehen und den Luftballon auf der Stirn balancieren. Abb. 4.

4 »

Partnerübungen

5. Aufgabe

Die Luftballons dürfen nicht den Boden berühren.

Beispiele

- Versucht, zu zweit durch hochtupfen oder -schlagen mit verschiedenen Körperteilen (Kopf, Hand, Ellenbogen, Schulter, Knie oder Fuß) einen Luftballon in der Luft zu halten.

- Könnt ihr das auch mit zwei Luftballons?

- Mit Abstand gegenüber stehen und sich einen Luftballon zuspielen.

5 »

6 »

- Immer neue Zuspielmöglichkeiten ausdenken, zum Beispiel zuwerfen, -tupfen, -schlagen und -prellen mit verschiedenen Körperteilen.

6. Aufgabe

Selbst ein Luftballon sein

A-Kind lässt den Luftballon aus der Hochhalte zu Boden fallen. B-Kind beobachtet genau, was der Luftballon macht und ahmt ihn anschließend nach. Abb. 5.

Wechseln. Mehrmals üben.

7. Aufgabe

Luftballontransport

Denkt euch Transportmöglichkeiten für den Luftballon aus. Er soll dabei immer mit beiden Kindern Berührung haben. Auf ein zuvor vereinbartes Signal (zum Beispiel ein Tamburinschlag) die Übung wechseln, auf ein weiteres Signal (zwei Tamburinschläge) das Partnerkind wechseln.

Beispiele

- Stand gegenüber, alle vier Hände sind am Luftballon, A-Kind geht vorwärts-, B-Kind rückwärts.

- Den Luftballon zwischen die Köpfe, Bäuche oder Rücken klemmen und seit-, vor- oder rückwärts gehen. Abb. 6.

- Stand hintereinander und den Luftballon zwischen Rücken und Bauch klemmen, dann vor-, rück- oder seitwärts gehen. Abb. 6.

- Bauchlage gegenüber, den Luftballon mit allen vier Händen gefasst seitwärts rollen.

Den Luftballon fühlen

A-Kind steht mit geschlossenen Augen und B-Kind rollt mit leichtem bis festem Druck den Luftballon auf dem Körper des Partnerkindes entlang. Bei den Füßen beginnen, die Beine hochrollen, in Oberschenkelhöhe um die Beine herum und weiter hoch bis zur Taille. Um die Taille herumrollen und am Rücken hoch bis zu einer Schulter; am Arm abwärts und wieder hoch bis zur anderen Schulter. Auch hier am Arm abwärts- und wieder hochrollen. Über den Hinterkopf, das Gesicht und die Brust wieder abwärts bis zu den Füßen. Abb. 7.

Partner wechseln. Die Übung eventuell im Liegen ausführen lassen.

7 »

Schlussteil

Spiel mit dem Schwungtuch oder mehreren Bettlaken. Alle Kinder halten das Schwungtuch straff gespannt. Auf dem Schwungtuch liegen viele Luftballons.

Es ist windstill.

Ruhig halten.

Langsam kommt ein leiser, ganz leiser Wind auf.

Schwungtuch zart bewegen.

Der Wind wird langsam stärker ...

Bewegung verstärken.

... wird immer stärker und stärker und stärker.

Spielen wie beschrieben.

Es stürmt!

Das Schwungtuch stark auf und ab bewegen. Abb. 8.

Dann wird es wieder ruhiger ... bis es ganz windstill ist.

Die Luftballons einsammeln und wiederholen.

8 »

Variation 1

Eine Gruppe von sechs bis acht Kindern sitzt um eine Matte, die auf vielen Luftballons liegt. Auf der Matte – im „Schiff" – befindet sich ein Kind. Die Kinder außen herum bewegen das Schiff auf dem Meer. Erst ganz sanft, denn es ist fast windstill – aber dann!!! *Wechseln, bis jedes Kind einmal im „Schiff" war.* Abb. 9.

Variation 2

Aus Bettbezügen – gefüllt mit Luftballons – lassen sich herrliche „Wabbelbetten" bauen, mit und auf denen die Kinder spielen, träumen oder wabbeln können. Abb. 10.

9 »

10 »

In der Osterhasenschule

Einleitung

Die Säckchen sind in der Turnhalle versteckt. Da Eier sehr zerbrechlich sind, müssen die Osterhasenkinder in der Osterhasenschule mit Säckchen üben. Wo haben die Hennen ihre Eier versteckt?

• Alle Osterhasenkinder suchen. Abb. 1.

Jedes Kind hat ein Säckchen. Diese gleichmäßig verteilt im Raum ablegen.
Die Osterhasenkinder müssen lernen, nicht auf herumliegende „Eier" zu treten.

• Zur Musik um die gleichmäßig im Raum verteilten „Eier" vor-, rück- oder seitwärts gehen, laufen, hüpfen, hoppeln und mit Musikende schnell zum eigenen Säckchen setzen.

Hauptteil

1. Aufgabe
Die Osterhasenkinder müssen Eier gut balancieren können.
In verschiedenen Ausgangsstellungen fortbewegen und das Säckchen auf verschiedenen Körperteilen balancieren.

Beispiele
• Im Stand, Sitz, in der Bauchlage oder Bankstellung das Säckchen auf dem Kopf oder der Hand balancieren. Abb. 2.

• In der Bankstellung das Säckchen auf dem Rücken oder in der Krebsstellung auf dem Bauch balancieren. Abb. 2.

1 »

2 »

2. Aufgabe
Osterhasenkinder müssen die Farben gut kennen.

• Zur Musik laufen alle, die ein rotes Säckchen haben, um alle anderen herum. Dasselbe mit den anderen Farben.

3. Aufgabe
Osterhasenkinder müssen lernen, Eier schnell aufzufangen.
Hochgeworfene oder fallengelassene Säckchen in verschiedenen Ausgangsstellungen fangen.

3»

Beispiele

• Säckchen in Stand, Kniestand, Sitz- oder Bauchlage hochwerfen und fangen. Abb. 3.

• Säckchen von hinten über die Schulter nach vorn werfen und fangen. Abb. 3.

• Säckchen in der Hochhalte loslassen und hinter den Rücken fallen lassen, in Beckenhöhe zu fangen versuchen.

• Im Sitz Säckchen mit den Füßen hochwerfen und mit den Händen fangen.

4. Aufgabe
Osterhasenkinder müssen manchmal die Füße zu Hilfe nehmen.
Die Füße/Zehen halten das Säckchen bei verschiedenen Geschicklichkeitsübungen.

4»

Beispiele

• Säckchen im Stand mit den Füßen vom Boden aufheben und in eine Hand übergeben. Abb. 4.

• Säckchen mit den Zehen halten und auf dem anderen Bein vorwärts hüpfen. Abb. 4. *Wechseln.*

• Säckchen im Sitz mit den Zehen fassen und Sitzkarussell fahren. Abb. 4.

5. Aufgabe
Osterhasenkinder müssen in allen Lagen Eier schnell von einer Hand in die andere geben können.

Beispiele
• Säckchen im Stand oder Sitz um den Körper herumreichen.

• Wie vor, aber in der Rückenlage, dabei das Becken vom Boden heben. Abb. 5.

• Säckchen in der Bauchlage vor dem Körper und auf dem Rücken in die andere Hand übergeben. Abb. 5.

• Säckchen im Grätschstand um die Beine herumgeben.

• Säckchen im Sitz unter den Beinen hindurch und in Hochhalte oder auf dem Rücken übergeben. Abb. 5.

5 »

6. Aufgabe
Osterhasenkinder müssen bei knapper Zeit schnell sein.
Die vier Raumecken einer Farbe zuordnen. Auf Zuruf „Rot" bringen alle Hasen, die ein rotes Säckchen haben, ihres so schnell wie möglich in die entsprechende Ecke und laufen schnell auf ihren Platz zurück. Mit den anderen Farben entsprechend verfahren.

6 »

7. Aufgabe
Osterhasenkinder müssen die Eier vor Dieben schützen.
• Zur Musik um alle Säckchen gehen, laufen und hüpfen. Mit Musikende oder auf ein Signal kommt der „Eierdieb" (Leiterin oder ein Kind) und versucht, Säckchen zu ergattern. Alle Osterhasenkinder laufen so schnell wie möglich zu ihrem Säckchen und decken es mit ihren Händen zu. Wiederholen und die Säckchen mit anderen – zuvor vereinbarten – Körperteilen zudecken, zum Beispiel Bauch, Po oder Füßen. Abb. 6.

Schlussteil

„Die Osterhasenfamilie"
Aus: Karin Schaffner, Die Welt ist schön 2, Pohl-Verlag Celle, 1996.

Vers 1

2. Sie malen bunt die Eier an
mit vielen bunten Tupfern dran
und legen sie ins Osternest
am Menschenkinder-Osterfest.
Und legen sie ins Osternest
am Menschenkinder-Osterfest.

3. Sie machen um das Nest ganz leis
den Osterhasenpfotenkreis.
Sie tanzen ihren Ostertanz
und wackeln mit dem Hasenschwanz.
Sie tanzen ihren Ostertanz
und wackeln mit dem Hasenschwanz.

Spielvorschlag

Gruppen von sechs bis acht Kindern (Mutter, Vater, Kinder) spielen an je einem Reifen, daneben liegen die Säckchen.
In Vers 1 krabbeln alle Hasen in der festgelegten Reihenfolge zu ihrem Reifen-Nest, tupfen mit den Zeigefingern auf die Säckchen und legen sie in den Reifen (Vers 2).
In Vers 3 machen die Hasenfamilien einen Kreis um ihr Reifen-Nest, tanzen mit Handfassung herum, bleiben zuletzt stehen und wackeln mit dem Po. Abb. 7.

7 »

Spielen und üben mit dem Heulschlauch

Einleitung

Die Heulschläuche liegen gleichmäßig verteilt in der Turnhalle am Boden.

Ein Kind nach dem anderen setzt sich – durch Blickkontakt bestimmt – zu einem Gerät seiner Wahl. Abb. 1.

Gespräch über den Heulschlauch

Wie sieht das „Gerät" aus (Röhre, Schlauch usw.)? Welche Form hat es, wie fühlt es sich an, aus welchem Material ist es, wie sieht es innen aus, ist es lang oder kurz, hart oder weich, glatt oder rauh/wellig/rillig, schwer oder leicht?

Experimentierphase

Die Kinder werden den Heulschlauch auf verschiedene Art tragen, balancieren, werfen und fangen, als Hindernis oder Musikinstrument benutzen. Abb. 2.

2 »

1 »

Hauptteil

1. Aufgabe

Übungen am langen, liegenden Heulschlauch ausdenken. Auf Signal (Handklatsch oder Tamburin) mit einer neuen Übung beginnen.

Beispiele

- Den Heulschlauch überhüpfen, auf einem oder beiden Beinen, im Pferdchensprung oder seitwärts im Zickzacksprung.

- Den Heulschlauch auf Händen und Füßen umkrabbeln, übersteigen, rechts und links an ihm entlang balancieren, mit den Händen rechts und links entlangstützeln und dabei gleichzeitig mit den Füßen zickzack hüpfen. Abb. 3.

2. Aufgabe

Den Heulschlauch hochwerfen und zu fangen versuchen. Auf Signal mit einer neuen Übung beginnen.

Beispiele

- Im Stand, Kniestand oder Sitz den Heulschlauch ein- oder beidhändig hochwerfen und fangen. Abb. 4.

- Im Stand nach dem Hochwerfen einmal schnell um die eigene Achse drehen und dann fangen.

- In Bauch- oder Rückenlage den Heulschlauch hochwerfen und fangen. Abb. 4.

- Dem Heulschlauch im Hochwerfen eine Drehung geben.

3»

4»

3. Aufgabe
Gehen und dabei den Heulschlauch auf verschiedenen Körperteilen balancieren. Auch in verschiedenen Ausgangsstellungen versuchen.

Beispiele
• Beim Vor-, Rück- oder Seitwärtsgehen den Heulschlauch auf dem Kopf, dem Nacken, dem Arm, auf der Schulter oder der Hand balancieren. Abb. 5.

• Beim gebeugten Gehen oder Krabbeln auf dem Rücken balancieren. Abb. 5.

• Auf einem Bein hüpfend auf dem Oberschenkel oder dem Fuß, im Krebsgang auf dem Hals oder Bauch balancieren. Abb. 5.

5 »

4. Aufgabe
Selbst Geräusche erzeugen und hören.

Beispiele
Das eine Heulschlauchende an ein Ohr halten und in das andere Ende atmen, summen, brummen, flüstern, singen, schmatzen und prusten. Abb. 6.

6 »

5. Aufgabe
Die Heulschläuche heulen lassen.

Beispiele
Den Heulschlauch schnell vor, neben oder über dem Kopf schwingen oder kreisen, ihn waagerecht vor dem Körper hin- und herbewegen oder mit Schwung auf den Boden schlagen. Abb. 7.

7 »

6. Aufgabe
Den Heulschlauch zu einem Ring zusammenstecken.

• Mit geschlossenen Augen den Ring abtasten und die Stelle suchen, wo der Ring zusammengesteckt ist.

7. Aufgabe
Den Ring rollen. Auf ein Signal mit einer neuen Übung beginnen.

Beispiele
• Den Ring in Zeitlupe neben sich herrollen.

• Den Ring schnell wegrollen und hinterher „sausen". Abb. 8.

• Ihn durch die gegrätschten Beine nach hinten rollen. Abb. 8.

• Ihn vor dem Körper hin- und herrollen.

8. Aufgabe
Die aufgerufenen Begriffe mit Hilfe des Ringes darstellen: Kreisel – Heiligenschein – Auto – Schmuckstück – Tasche – Ballspiel.

Beispiele
• Den Ring am Boden oder auf einer flachen Hand kreiseln.

• Den Ring als Heiligenschein über den Kopf halten. Abb. 9.

• Ihn als Lenkrad benutzen und dabei im Stand oder Sitz vorwärts bewegen. Abb. 9.

• Ihn als Kette, Arm- oder Fußreif benutzen. Abb. 9.

• Ihn als Einkaufs-, Umhänge- oder Büchertasche einsetzen. Abb. 9.

• Ihn als Ball rollen oder werfen.

8 »

9 »

Aus den Ringen wieder Heulschläuche machen und zu Paaren zusammengehen.

9. Aufgabe

Telefoninterview. Fragen und Antworten werden – eventuell im Flüsterton – durch den Heulschlauch gestellt beziehungsweise gegeben.

Beispiele

Welches ist dein Lieblingsessen, -sport, deine Lieblingsfarbe oder -blume. Was magst du überhaupt nicht. Wie heißt dein bester Freund/deine beste Freundin. Wieviel Jahre bist du, wieviel Geschwister hast du. Wohin fährst du in den Ferien? Abb. 10.
Rollenwechsel nicht vergessen.

10. Aufgabe

„Blindes" Partnerkind spazierenführen und dabei einen Heulschlauch oder beide Heulschläuche einsetzen.
Aufpassen, dass keine Zusammenstöße entstehen.

Beispiele mit einem Heulschlauch

- Stand hintereinander, den Heulschlauch auf einer Seite einhändig gefasst, das vordere Kind führt.

- Stand gegenüber, jedes Kind hat ein Heulschlauchende beidhändig gefasst, das rückwärts gehende Kind führt. Abb. 11.

- Ein Kind hat beide Enden, das andere Kind die Mitte des Heulschlauches gefasst, das rückwärts gehende Kind führt.

- Stand gegenüber, ein Kind hat die Heulschlauchenden in den Händen, das andere Kind steht innen und hat die Heulschlauchmitte am Rücken, das rückwärts gehende Kind führt. Abb. 11.

10 »

11 »

Beispiele mit zwei Heulschläuchen

- Stand hintereinander, die Heulschläuche werden beidhändig an den Enden gefasst, das vordere Kind führt. Abb. 12.

- A-Kind hat die beiden Enden seines Heulschlauches in je einer Hand, B-Kind führt seinen Heulschlauch zwischen A-Kind und A-Heulschlauch durch und hat ebenfalls seine beiden Enden in je einer Hand, das vordere Kind führt. Abb. 12.

- Aus den zwei Heulschläuchen wird ein großer Ring gesteckt, ein Kind schlüpft hinein und wird vom anderen Kind geführt.

Schlussteil

Gespräch über die neuen Erfahrungen

Was hat am meisten Spaß gemacht? Gemeinsames Schlusslied in den Heulschlauch singen, zum Beispiel:

Wann und wo, wann und wo, sehen wir uns wieder und sind froh.

Heim, heim, heim, heim, heim, heim, heim wolln wir gehen! Lied ist aus, Turnen ist aus, heim wolln wir gehen!

12 »

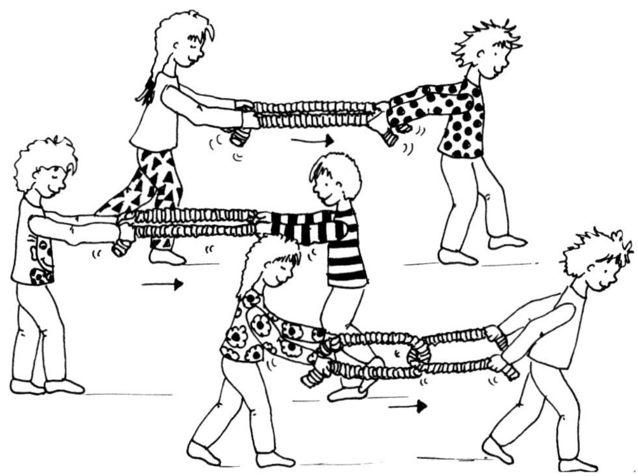

Spielen und üben mit Bausteinen

Einleitung

Alle sitzen um die abgedeckte Kiste. Ihre Form ertasten, dabei aber nicht unter die Decke greifen. Was ist das? Ja, eine Kiste. Was ist in der Kiste drin?

• Immer ein Kind bis drei Kinder greifen unter die Decke und in die Kiste hinein und ertasten die verschiedenen Bausteine. Abb. 1.

1 »

• Vielleicht können die Ohren auch etwas hören? Erst wenn alle getastet und gehorcht haben, teilen die Kinder ihre Vermutung mit. Ja, es sind Bausteine.

• Die Kiste aufdecken. Jedes Kind nimmt sich drei Bausteine und sucht sich einen Platz im Raum.

• Baut etwas aus euren drei Bausteinen und achtet bei den folgenden Übungen darauf, kein Bauwerk zu zerstören.

• Zur Musik um alle Bauwerke gehen, laufen oder hüpfen (vor-, rück- oder seitwärts). Mit Musikende schnell zum eigenen Bauwerk laufen und etwas Neues aus den drei Bausteinen gestalten. Abb. 2.
Mehrmals wiederholen.

2 »

Hauptteil

3 »

Geräuschespiel 1

Gestaltet folgende Reime mit den Bausteinen rhythmisch aus:

Achtet dabei auf laut und leise und auf schnell und langsam!

Reime	Aufgabe
1. Eine Maus läuft tiptiptap in ihr Mauseloch hinab.	Mit der Ecke eines Bausteins auf einen anderen tippen.
2. Und die kleine Schnirkelschnecke kommt ganz langsam um die Ecke.	Zwei Bausteine aneinander reiben.
3. Eine ganze Büffelherde stampft vorbei, da dröhnt die Erde. **Abb. 3.**	Zwei Bausteine aneinander schlagen.

4 »

Geschichte

Als die Maus im Mauseloch ist, die Schnecke sich in ihr Haus verkrochen hat und die Büffelherde zusammengedrängt unter den Bäumen steht, zieht ein Gewitter herauf:

Geschichte	Aufgabe
Es tröpfelt.	Leise Tropfgeräusche mit den Bausteinen erzeugen.
Es regnet, es gießt.	Lauter werden, noch lauter werden.
Es blitzt.	Bausteine aneinander reiben.
Es donnert.	Bausteine auf den Boden schlagen.
Dann scheint die liebe Sonne wieder.	Alle bauen aus ihren Bausteinen gemeinsam eine große Sonne. Abb. 4.
Alle Tiere freuen sich: Die Maus,	Alle Kinder krabbeln als Mäuse herum.
die Schnecke,	Alle rutschen in der Bauchlage vorwärts.
und die Büffelherde.	Alle stampfen als Büffel um die „Sonne" herum.

1. Aufgabe
Den Baustein balancieren

Balanciert einen Baustein auf irgendeinem Körperteil und bewegt euch um die übrigen Bausteine herum. Auf ein Signal (Musikstop/Tamburinschlag) wechselt ihr den Körperteil und die Ausgangsstellung.

Beispiele

- Im Stand den Baustein auf Kopf, Arm, Fuß, der Hand oder Schulter balancieren und dabei vor-, rück- oder seitwärts gehen. Abb. 5.

- In der Bauchlage den Baustein auf dem Kopf, Arm, Rücken oder der Hand balancieren und dabei vor-, rück- oder seitwärts rutschen. Abb. 5.

- In der Bankstellung den Baustein auf dem Kopf, Rücken oder einer Hand balancieren und dabei vorwärts krabbeln. Abb. 5.

- In der Rückenlage den Baustein auf dem Bauch, Arm oder der Stirn balancieren und dabei vor- oder rückwärts rutschen.

- Im Krebsgang den Baustein auf dem Bauch balancieren und dabei vor-, rück- oder seitwärts gehen. Abb. 5.

- Im Sitz den Baustein auf dem Kopf, Bein, Fuß, auf der Schulter oder der Hand balancieren und dabei vor- oder rückwärts rutschen. Abb. 5.

- Wer kann zwei aufeinandergelegte/gestellte Bausteine balancieren und sich dabei fortbewegen?

- Wer kann dasselbe mit drei Bausteinen? Abb. 6.

- Wer kann zwei/drei Bausteine gleichzeitig auf verschiedenen Körperteilen und in verschiedenen Ausgangsstellungen balancieren und sich dabei noch fortbewegen?

5 »

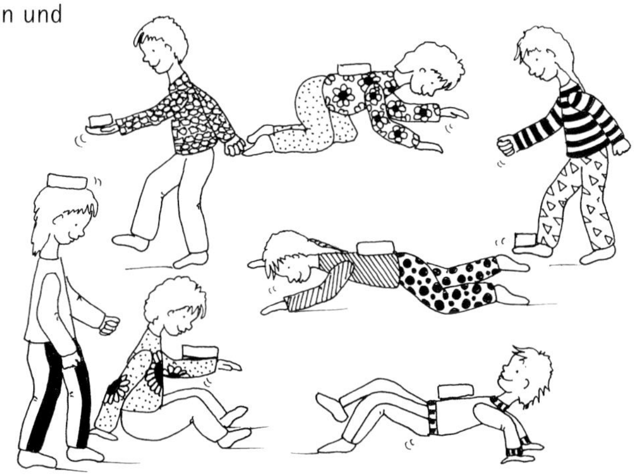

6 »

2. Aufgabe

Den Baustein wie einen Ball hochwerfen und fangen

Denkt euch dabei Kunststücke aus. Die Kinder zunächst experimentieren lassen, anschließend einige Übungen vor- und alle anderen nachmachen lassen.

Beispiele

- Den Baustein in verschiedenen Ausgangsstellungen ein- oder beidhändig hochwerfen und fangen. Abb. 7.

- Wie vor, aber hochwerfen, in die Hände klatschen und fangen. Abb. 7.

- Dem Baustein im Flug eine Drehung geben.

3. Aufgabe

Geräuschespiel 2

Die „Krachmacher" flitzen mit ihrem Baustein im ganzen Raum herum und entdecken die Klangqualitäten der verschiedenen Einrichtungsgegenstände oder Geräte (auf Sprossenwand, Matte, Bank, Boden, Heizkörper klopfen, tupfen, schlagen). Abb. 8.

Ist das ein Krach!!!

4. Aufgabe

Der Baustein ist ein Auto

Nehmt euren Körper als „Hindernis" und sucht für euer „Auto" immer neue Wege. Die Beispiele der Kinder aufgreifen und alle nachahmen lassen.

7 »

8 »

Beispiele

- Das „Auto" fährt im Hocksitz um den Körper und unter den Beinen durch. Abb. 9.

- Es fährt im Strecksitz um den Körper und die Beine herum/unter den gehobenen Beinen hindurch.

- Es fährt in der Bankstellung um eine aufgestützte Hand. Abb. 9.

- Es fährt im Grätschstand um die Füße Achterbahn. Abb. 9.

- Es fährt im Kniegrätschstand durch die Beine und um die Unterschenkel herum.

5. Aufgabe

Das Auto will auf eurem Körper fahren

- Das „Auto" fährt am Bein hoch, in Kniehöhe um das Bein herum, weiter hoch bis zur Taille und um sie herum, weiter hoch bis zur Schulter, auf dem Arm entlang bis zur Hand und wieder zurück, um den Hals herum und auf den Kopf.

6. Aufgabe

Den Baustein einklemmen

Klemmt den Baustein zwischen zwei Körperteile und bewegt euch in verschiedenen Ausgangsstellungen fort. Auf ein Signal (Musikstop/Tamburin) wechselt ihr die Körperteile.

Beispiele

- Den Baustein zwischen Hand und Kopf, Hand und Schulter, Hand und Knie klemmen und vor-, rück- oder seitwärts gehen, laufen oder hüpfen. Abb. 10.

- Den Baustein zwischen Oberarm und Körper klemmen und in der Rückenlage vor- und rückwärts rutschen.

- Den Baustein zwischen die Knie klemmen und mit geschlossenen Beinen vorwärts hüpfen. Abb. 10.

- Den Baustein zwischen Oberschenkel und Wade (Kniekehle) klemmen und auf einem Bein vorwärts hüpfen. Abb. 10.

- Den Baustein zwischen Kinn und Knie klemmen und im Sitz vor-, rück- oder seitwärts rutschen. Abb. 10.

9 »

10 »

11 »

12 »

13 »

7. Aufgabe
Mit Bausteinen bauen

Die Kinder gehen in Vierergruppen zusammen, holen sich weitere benötigte Bausteine und lösen gemeinsam folgende Aufgaben:

- Baut einen Turm oder eine Pyramide (stehen lassen). Abb. 11.

- Baut eine Sonne (stehen lassen). Abb. 11.

- Baut ein Haus mit Garten/Gartenzaun (stehen lassen). Abb. 11.

Gemeinsam die Kunstwerke betrachten. Sicher sind alle sehr schön geworden. Nun kommt der schwierigere Teil: Ihr selbst seid die Bausteine.

Schluss

Die Kinder sind selbst Bausteine

- Jede Gruppe baut aus ihren vier Körpern einen Turm oder eine Pyramide. Abb. 12 und 13.

Schaut auch, was die anderen Gruppen gebaut haben. Zum Schluss werden alle Bausteine in die Kiste zurückgelegt.

Frühling auf dem Land

Einleitung

Zur Musik vor-, rück- oder seitwärts bewegen. Mit Musikende die aufgerufenen Begriffe darstellen, zum Beispiel:

Wind
Schnell laufen mit schwungvollen Armbewegungen, am Ort drehen und pusten. Abb. 1.

Regen
Mit allen Fingern auf dem Boden/der Bank Geräusche erzeugen.

Sonne
Im Stand Arme heben und Finger spreizen, mehrere Kinder legen sich gemeinsam sternförmig auf den Boden. Abb. 2.

Weitere Möglichkeiten, passend zum Bauernhof: Hühnerhof, Pferde, Enten, Katzen, Hunde, Schafe.

Reaktionsspiel
Alle Schafe laufen auf der Wiese herum. Beim Zuruf „Hochwasser" retten sich alle in höhere Regionen, beim Zuruf „Der Wolf" drängen sich alle ganz schnell und eng zusammen.
Mehrmals spielen.

1 »

2 »

Hauptteil

Teil A

3 »

Vom Samen zum Kornfeld

- Die Bauern fahren mit dem Traktor rükkwärts aus der Scheune, wenden und fahren dann auf das Feld. Abb. 3.
  Die Kinder frei gestalten lassen. Sie könnten zum Beispiel im Laufen oder im Sitz vor- und rückwärts fahren.

- Die Bauern sind angekommen und säen die Samenkörner auf ihr Feld. Abb. 4. Beim Vor- oder Rückwärtsgehen in die umgehängte imaginäre Schale greifen und Hände voller Körner aussäen. Die Bauern fahren mit dem Traktor wieder in ihre Scheune.
  Spielen wie beschrieben.

4 »

- Kaum sind die Bauern weg, da kommen die Vögel auf das Feld geflogen und picken sich ein paar Körner auf. Abb. 5.
  Alle Kinder fliegen als Vögel herum und suchen sich immer wieder mal ein Korn.

- Viele, viele Körner sind aber in der Erde liegen geblieben und beginnen zu wachsen.

5 »

Spiellied vom Kornfeld: „Der Bauer sät"

Text	Bewegungsaufgabe
Der Bauer sät die Körner aus, sie liegen in der Erde und dann beginnt das Wunder gleich: Du kleines Körnchen werde!	Alle Kinder liegen klein zusammengerollt als Samenkorn am Boden. Bewegen.
Ein Keim wächst aus dem Korn heraus, streckt sich der Sonn' entgegen und alle Samen, Korn für Korn, beginnen sich zu regen.	Langsam wachsen.
Bald schau'n sie aus der Erde raus, sind noch zerbrechlich klein und wachsen langsam hoch hinauf. Bald wogt das Kornfeld fein.	Weiter aufrichten.
Ein Wunder haben wir erlebt, erleben's Jahr für Jahr, denn das was lebt, das wandelt sich. Ist das nicht wunderbar?	Nun stehen alle und wiegen sich leicht hin und her.

Spiel: „Wölfe und Schafe"

Gemeinsam aus Bänken und Kästen einen Schafspferch bauen und etwas abseits eine Wolfshöhle. Ein bis zwei Kinder sind die Wölfe, alle anderen Kinder schlafen als Schafe im Pferch.
Am Morgen wachen sie auf, dehnen und strecken ihre Glieder, haben Hunger und rufen: „Mäh."

Da kommt der Schäfer (die Leiterin) und öffnet den Pferch. Hungrig drängeln und springen die Schafe hinaus auf die Wiese und fressen. Abb. 6.
Wenn der Wolf/die Wölfe kommen, versuchen die Schafe, sich in den Pferch zu retten. *Rollenwechsel.*

6 »

Gymnastik mit Schafwolle

- Die Kinder sitzen im Schneidersitz im Kreis.

- Der geschlossene Sack mit Schafwolle wandert herum und die Kinder fühlen und riechen den Inhalt. Was ist in dem Sack? Es ist Schafwolle. Der geöffnete Sack wandert nochmals herum. Die Kinder greifen hinein, fühlen, sehen und riechen die Schafwolle.

- Jedes Kind bekommt eine Hand voll Wolle. *Sie probieren aus, was sie damit machen können. Sie werden das Knäuel drücken, kneten, formen, werfen, balancieren, schieben, rollen usw.*

1. Aufgabe

Balanciert euer Knäuel auf verschiedenen Körperteilen in verschiedenen Ausgangsstellungen und bewegt euch damit fort. Abb. 7.

Beispiele

- Knäuel auf dem Kopf, der Hand oder dem Fuß balancieren und vor-, rück- oder seitwärts gehen oder im Sitz vorwärts rutschen.

- Knäuel auf dem Rücken balancieren und in der Bankstellung oder der Bauchlage fortbewegen.

- Knäuel auf dem Bauch balancieren und im Krebsgang seitwärts bewegen.

2. Aufgabe

Bewegt das Knäuel am Boden fort. Abb. 8.

Beispiele

- Knäuel mit dem Kopf, der Hand, dem Knie oder dem Fuß vorwärts schieben.

- Könnt ihr das Knäuel auch fortbewegen, ohne es zu berühren? Ja, durch Blasen/Pusten.

7 »

8 »

3. Aufgabe

Lasst eure Füße mit dem Knäuel spielen. Abb. 9.

Beispiele

- Im Stand mit den Zehen das liegende Knäuel aufheben, in die Hand geben und wieder fallen lassen.
- Im Sitz das Knäuel zwischen den Füßen halten und damit Sitzkarussell fahren.
- Mit den Zehen versuchen, die Wolle auseinander zu ziehen.
- Im Sitz das Knäuel mit den Füßen fassen, mit Schwung auf den Rücken rollen und das Knäuel hinter dem Kopf ablegen.

4. Aufgabe

Versucht, durch Drehen und Ziehen einen Faden zu spinnen. (Abb. 10). Lasst euer Knäuel am Faden baumeln.

Schlussteil

Gemeinschaftsarbeit „Gemeinsam ein großes Schaf formen". Abb. 11.

Die Kinder stehen auf der Kreislinie und ein Kind nach dem anderen baut sein Knäuel an. Mit dem Bauch beginnen, dann den Kopf anbauen, die Beine und zuletzt noch das kleine Schwänzchen.

9 »

10 »

11 »

Die Detektivprüfung

Einleitung

Die Stühle, soviel wie Kinder, stehen gleichmäßig verteilt im Raum. Wer ein guter Detektiv werden will, muss vorher die Detektivprüfung ablegen.

• Der Detektiv muss alle Gangarten kennen: zur Musik gehen, laufen, hüpfen, vor-, rück- oder seitwärts. Welche Gangarten gibt es noch?

Beispiele
• Auf Zehenspitzen schleichen, Abb. 1, trampeln, humpeln, stöckeln, marschieren, tänzeln, schlurfen usw. Die Kinder fragen, wer so gehen könnte.

• Der Detektiv muss sich schnell verstecken können: Mit Musikende schnell unter einen Stuhl kriechen. Abb. 2.

• Der Detektiv muss auch gut rückwärts gehen können: In Kurven ohne anzuecken, um alle Stühle herum rückwärts gehen.

1 »

2 »

Hauptteil

Jedes Kind hat einen Stuhl.

- Der Detektiv muss blitzschnell reagieren können.
Schneidersitz auf dem Stuhl. Auf ein Signal so schnell wie möglich absteigen, von der Stuhlseite her unter dem Stuhl durchkriechen und wieder zum Schneidersitz kommen.

- Der Detektiv muss leise von Mauern springen können.
Auf den Stuhl steigen und leise abspringen. Abb. 3.

- Der Detektiv muss wissen, was „oben", „unten", „vorn", „hinten" oder „neben" ist.
Je nach Zuruf oben auf dem Stuhl stehen, unter dem Stuhl liegen, vor, hinter oder neben dem Stuhl stehen. Abb. 4.

- Der Detektiv muss Geräusche erkennen und sich merken können.
Alle sitzen mit geschlossenen Augen auf dem Stuhl oder im Kniestand vor dem Stuhl, der Kopf liegt auf den Armen auf dem Stuhlsitz. Abb. 5.

Die Leiterin macht hintereinander bis zu fünf Geräusche, zum Beispiel Tür öffnen und zuschlagen, mit dem Schlüsselbund klappern, Papier zerreißen, auf Holz klopfen, Kassettenrecorder an- und ausschalten, in die Hände klatschen, auf den Boden trampeln. Erst dann öffnen die Kinder die Augen. Was habt ihr gehört?

- Detektive müssen über Hindernisse steigen können.
Über alle Stühle klettern.

- Detektive müssen sich durch schmale Öffnungen zwängen können.
Unter allen Stühlen hindurchkriechen.

3 »

4 »

5 »

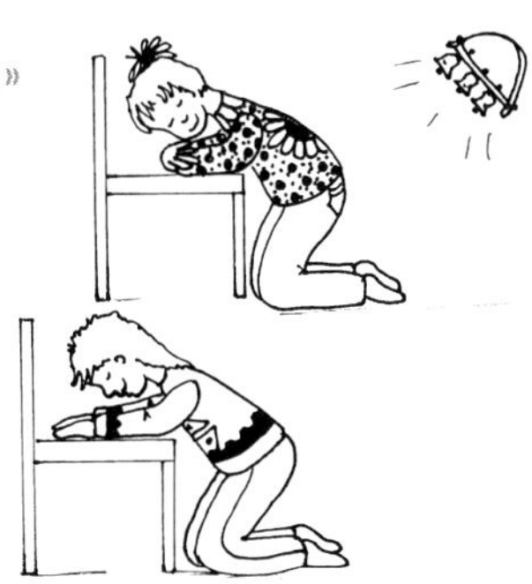

6 »

7 »

8 »

• Detektive müssen sich mit Materialien gut auskennen.
So schnell wie möglich im Raum herumeilen und alles berühren, was aus dem aufgerufenen Material ist, zum Beispiel Holz, Metall, Stoff, Glas, Gummi. Abb. 6.

• Detektive dürfen keine Angst im Dunkeln haben.
Mit geschlossenen Augen langsam und vorsichtig mit den Füßen vorwärts tasten und die Hände schützend ausstrecken. Wer ein anderes Kind oder einen Stuhl berührt, wechselt die Richtung. Abb. 7.

• Detektive müssen Hindernisse aus dem Weg räumen können.
Den Stuhl schieben, ziehen, tragen. Auf ein Signal immer wieder neue Variante erfinden. Abb. 8.

• Detektive müssen gut tasten können.
Mit den Händen den Stuhl auf Unebenheiten, Kratzer oder Abschürfungen abtasten, eventuell mit geschlossenen Augen ausführen lassen.

• Detektive müssen „versteckte Geräusche" finden können.
Alle haben die Augen geschlossen.
Die Leiterin versteckt eine Spieluhr im Raum.
Alle gehen der Musik nach und versuchen, das Versteck zu finden.

Das war die letzte Prüfung.
Meine Damen und Herren Detektive –
sie haben die Prüfung bestanden.
Herzlichen Glückwunsch!!!

Schlussteil

Wir sind die Detektive Adlerblick
Aus: Karin Schaffner, Die Welt ist schön 2, Pohl-Verlag Celle, 1996.

Lied

Refrain
Wir sind die Detektive Adlerblick,
wir kennen alle Finten – jeden Trick!

2. Fernglas vors Gesicht.
Wo ist Bösewicht? – Wo?

Refrain

3. Laufen um das Eck,
sehen sein Versteck – Da!

Refrain

4. Leise hingeduckt,
bloß nicht aufgemuckt. – Pscht!

Refrain

5. Und die Sache klappt,
gleich ist er geschnappt. – So!

Spielvorschlag
Freie Aufstellung. Alle Kinder gehen in die Hocke. Während der Refrains blitzschnell in den Grätschstand mit angewinkelten Beinen kommen, dabei die Hände auf die Knie stützen. Auf „Adlerblick" mit einer Hand über den Augen nach allen Seiten ausspähen. Abb. 9.
Auf „Finten" und „Trick" jeweils verächtliches Abwinken. Nur nach Vers 4 wird der Refrain leise in der Hocke gesungen.
In Vers 1 am Ort schleichen. Auf „Da" in eine Richtung zeigen.
In Vers 2 Hände zum Fernrohr geformt vor die Augen halten und herumschauen.
In Vers 3 am Ort laufen. Auf „Da" in eine Richtung zeigen.
In Vers 4 in der Hocke kauern und auf „Pscht" einen Zeigefinger auf den Mund legen.
In Vers 5 auf „So" aufspringen und ein anderes Kind schnappen.

9 »

Abenteuerreise zum Sumpf-ungeheuer

Einleitung

Benötigte Materialien. So viele Zeitungsdoppelblätter bereitlegen wie Kinder teilnehmen, eventuell einige Zeitungen in Reserve halten.

Alle Kinder „schlafen" unter einem Zeitungsblatt als Zudecke. Chrrr ... chrrr. Wer genau hinhört, kann sie schnarchen hören. Abb. 1.

Aufwachen, dehnen, strecken! Der Tag beginnt! Alle Kinder machen sich zum Joggen und zur Morgengymnastik bereit, damit sie für das Abenteuer fit sind.

In Kurven um alle Zeitungen gehen, laufen, hüpfen, vor-, rück- oder seitwärts. Abb. 2.

Jedes Kind turnt eine Morgengymnastikübung vor, die alle anderen nachahmen. Es macht nichts, wenn manche Übungen mehrmals vorgeschlagen werden!

1 »

2 »

Beispiele. Abb. 3.

- So groß wie möglich machen, und die Arme abwechselnd zur Decke strecken.

- Mit den Armen neben oder vor dem Körper schwingen.

- Auf einem Bein balancieren.

- Im Sitz schaukeln oder „karussellfahren".

- In der Rückenlage mit Armen und Beinen zappeln.

- In der Bauchlage „karussellfahren" oder mit den Beinen zappeln.

- In der Bankstellung, Katzenbuckel und Hohlkreuz im Wechsel.

Hauptteil

Kommt ihr mit auf die Abenteuerreise zum Sumpfungeheuer? Jaaa!

Alle Kinder sind bei ihrem Zeitungsblatt und lesen den Wetterbericht. Abb. 4.
Was steht drin???
Kinder berichten lassen.
Richtige Abenteurer lassen sich von keinem Wetter aufhalten.

Also Kofferpacken. Was muss hinein?
Alles, was die Kinder aufzählen, pantomimisch nehmen und auf die Zeitung legen, zum Beispiel Hemd, Hose, feste Schuhe, Sonnenhut, Regenmantel, Rucksack, Fernrohr, Fotoapparat, Buschmesser, Mückenpatsche, usw.
Koffer schließen (Zeitung einmal falten).

Wollt ihr immer noch auf die Abenteuerreise zum Sumpfungeheuer? Jaaa!

3 »

4 »

Den schweren Koffer zum Auto schleppen Abb. 5. Oh, ist der schwer! Einsteigen und abfahren zum Flughafen.

Variante 1
Auf die Zeitung setzen und vorwärtsrutschen.

Variante 2
Vorwärtslaufen und Zeitung als Lenkrad benutzen.
Am Flughafen angekommen einen Parkplatz suchen und aussteigen. Dann muss das Gepäck aufgegeben werden. Haben alle noch ihren Koffer?

5»

Ein Kind steht mit nach vorn angewinkelten Unterarmen als Gepäckträger bereit.
Ein „Koffer" nach dem anderen wird ordentlich aufgegeben.
Die Zeitungen auf den Unterarmen stapeln.
Abb. 6.
Das Flugzeug steht bereit. Alle einsteigen!

6»

Zu Paaren, Innenhände gefasst, hintereinander stellen, die Außenhände liegen auf den Schultern des Vorderkindes. Zwei Paare bilden auf den beiden Seiten die „Flügel", indem sie sich seitlich an das dritte oder vierte Paar anhängen. Das Gepäckkind kommt zwischen die letzten beiden Paare und hat die gefassten Hände des letzten Paares im Rücken. Abb. 7.
Alle Passagiere sind auf ihrem Platz, da kommt eine Lautsprecherdurchsage:
„Achtung! Achtung! Hier spricht der Flugkapitän. Willkommen an Bord. Ich begrüße sie in unserem Jumbo-Jet. Bitte bleiben sie angeschnallt sitzen. Wir fliegen in Kometengeschwindigkeit. Ich wünsche eine angenehme Reise."
Die Leiterin spricht mit automatenhafter Stimme und hat eine Faust als Mikrofon vor dem Mund.

Das Flugzeug rollt langsam über das Rollfeld, hebt ab und fliegt.
Spielen, wie beschrieben.
Abb. 7 und Text dazu.
Die Flugreisenden schauen aus dem Fenster und sehen die Erde ganz klein unter sich.
Endlich nähern sie sich dem Ziel.
Das Flugzeug landet. Anhalten.

7 »
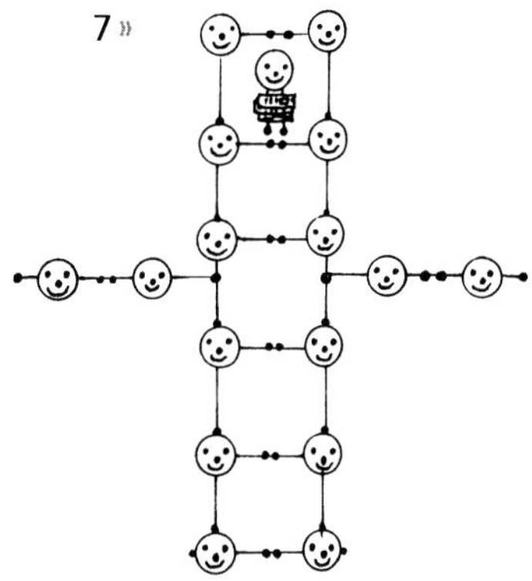

Das Gepäck muss am Förderband abgeholt werden.
Alle Kinder stehen mit nach vorn angewinkelten Armen nebeneinander, am Ende steht das „Gepäckkind". Die Leiterin nimmt alle Zeitungen bis auf den untersten „Koffer" von den Armen, legt dieses Gepäck dem nächsten Kind auf die Arme und nimmt sie sofort bis auf eine Zeitung wieder weg, usw., bis alle Kinder wieder ihre Zeitung haben.
Abb. 8.

8 »

Wollt ihr immer noch auf die Abenteuerreise zum Sumpfungeheuer? Jaaa!

Also gut. Dann muss der schwere Koffer zum Hotel geschleppt werden. Oh, ist der schwer!

Koffer aus- und Rucksack einpacken.
Vergesst nicht das Fernrohr, den Fotoapparat, das Buschmesser, die Mückenpatsche, ein Badetuch, den Ball und den Sonnenhut.
Die Kinder frei gestalten lassen.
Hat alles in den Rucksack gepasst?

Die Wanderung beginnt.
Mit dem „Rucksack" auf dem Rücken wandern.
Abb. 9.

9 »

10 »

• Stopp! Es müsste langsam ein See kommen. Alle schauen durch ihr Fernrohr (die zusammengerollte Zeitung) in alle Richtungen. Abb. 10. Da! Die Kinder entdecken ihn.
Alle gehen in die Richtung.

Wollt ihr immer noch auf die Abenteuerreise zum Sumpfungeheuer? Jaaa!

Also gut. Am Seeufer liegen Boote. Alle steigen ein und nehmen das Paddel zur Hand (die zusammengerollte Zeitung).
Auf dem Po vorwärtsrutschen und „paddeln".
Abb. 11.

11 »

Das Seewasser ist wunderbar klar. Alle halten ihr Boot an, kühlen sich ab und springen ins Wasser.
Auf dem Bauch um die Zeitungen herumrutschen (schwimmen).

Es geht weiter. Alle wieder in ihre Boote!
Alle paddeln zum anderen Seeufer (wie oben beschrieben).

Alle schauen wieder durch ihr Fernrohr.
Nun müsste dichter Urwald kommen.
Wer sieht ihn? Alle!

12 »

Im Urwald angekommen, brauchen alle ihre Buschmesser. Der Urwald ist undurchdringlich. Sie müssen sich einen Weg schlagen.
Mit den Zeitungsrollen kreuz- und querschlagen und langsam vorwärtsgehen.

Endlich ist es geschafft. Der Urwald lichtet sich und die pralle Sonne scheint herab. Die Abenteurer setzen ihren Sonnenhut auf.
Zeitung auf dem Kopf balancierend vorwärtsgehen.
Abb. 12.

Nun müsste ein Schildkröten-Schutzgebiet kommen. Wir sind schon nahe beim Sumpf.
Alle spielen „Schildkröte", kriechen auf dem Boden mit der Zeitung auf dem Rücken.

Dann gehts weiter. Der Boden wird immer sumpfiger. Bei jedem Schritt müssen die Füße aus dem Matsch gezogen werden.
Entsprechend durch die Halle gehen.

Dazu kommen Stechmücken, die Mückenpatsche muss her!
Mit der Zeitungsrolle auf alle Körperteile schlagen. Abb. 13.

Wollt ihr immer noch auf die Abenteuerreise zum Sumpfungeheuer? Jaaa!

Nun muss nach einem trockenen Pfad Ausschau gehalten werden.
Alle schauen durch das Fernrohr. Wenn er entdeckt ist, geht es im Gänsemarsch auf dem schmalen Pfad entlang. Die Leiterin geht voraus und alle hinterher.

Rechts und links vom Pfad wird es immer gefährlicher. Das sumpfige Wasser gluckert und brodelt. Hat jemand Angst? Nein!!!

Da, eine große, schöne trockene Wiese! Kaum zu glauben! Alle breiten ihr Badetuch aus, legen sich darauf und ruhen sich aus.
Auf die Zeitung legen.

Bevor es weitergeht, wird auf der Wiese noch ein bisschen gespielt. Wozu ist denn ein Ball im Rucksack?
Die Zeitung zum Ball knüllen und die Kinder frei gestalten lassen.
Beispiele. Abb. 14.

Den Ball mit einer oder beiden Händen hochwerfen und fangen.

Im Stand oder Sitz, unter einem Bein hindurch oder durch die gegrätschten Beine nach hinten werfen.

Mit den Füßen im Sitz hoch- oder über den Kopf hinweg nach hinten werfen.

Den Ball mit verschiedenen Körperteilen am Boden entlang rollen.

Im Sitz mit angehockten Beinen die Beine hinabrollen, oder den Ball auf dem Körper entlang rollen lassen.

13»

14»

Die Kinder setzen sich noch ein bisschen zusammen, um neue Kräfte zu sammeln. Die Augen fallen ihnen zu.
Im Schneidersitz, Augen schließen.

Ein zuvor vereinbartes Kind entfernt sich von der Gruppe, hängt sich eine am Hallenrand bereitgelegte Decke um und kommt zurück. Das Ungeheuer naht.
Es trampelt, schmatzt und ruft immer wieder „Hunger!".
Entsprechend spielen.

Es schaut gierig und greift mit seinen Pranken um sich. Jetzt die Ruhe bewahren. Schnell den Fotoapparat geschnappt und ein Foto vom Sumpfungeheuer gemacht.
Entsprechend spielen.

Es kommt näher und es hat Hunger.
Schnell alle Bälle hinwerfen!
Alle werfen ihre Zeitungsbälle hin.
Dem Sumpfungeheuer schmecken Bälle.
Es schmatzt und frisst. Schnell noch ein Foto! Abb. 15.
Entsprechend spielen.

Dann nichts wie weg. Im Gänsemarsch auf dem schmalen Weg, durch den Sumpf, vorbei an den Schildkröten, durch den Urwaldpfad, in die Boote, mit den bloßen Händen paddeln, ans Ufer, aussteigen und zurück zum Hotel.

15»

Geschafft! Alle fallen sich um den Hals. Leider haben die Abenteurer ihr ganzes Gepäck auf der Wiese liegengelassen, aber das macht nichts. Hauptsache, alle sind gesund und munter wieder im Hotel.
Doch ein Abenteurer fehlt noch. Wo ist ...?
Den Namen des Kindes, das zuletzt das Ungeheuer gespielt hat, nennen.
Da kommt er/sie schon herbeigeeilt.
Nun sind wieder alle da. Ohne Gepäck geht es ins Flugzeug.

Flugzeug bauen wie am Anfang.
Im „Gepäckraum" ist nun kein Gepäck.
Da ertönt auch schon die Stimme des Flugkapitäns, wie am Anfang, und dann beginnt der Rückflug. Hui, geht das schnell, die Landung lässt nicht lange auf sich warten.
Alles aussteigen!

Schlussteil

Alle stellen sich für ein Erinnerungsfoto auf und machen ihr schönstes Fotografiergesicht.
Zur Gruppe aufstellen, die Leiterin macht „klick". Abb. 16.
Dann fahren alle mit ihrem Auto heim.
Zur Tür hinaus.

16»

Eine Turnstunde mit Hut

Benötigte Materialien. Die Kinder bringen alte Hüte der Eltern, berufs- oder wetterorientierte Kopfbedeckungen oder Faschingshüte (Sonnenhut, Pelzkappe, Damenhütchen, Sombrero, Zauberer-, Polizei- oder Cowboyhut, Zylinder, Turban oder Fez usw.) mit.

Einleitung

Mit dem Hut auf dem Kopf zur Musik spazieren gehen und die anderen Kinder begrüßen, indem der Hut gezogen wird. Abb. 1.

Zur Musik vor-, rück- oder seitwärts gehen und mit Musikende die aufgerufene Stellung einnehmen, ohne den Hut zu verlieren (Bauchlage, Schneidersitz, Bankstellung usw.).

Wie vor, aber mit Musikende alle Hüte so hoch wie möglich in die Mitte werfen. Abb. 2.

Wer findet jetzt noch seinen Hut?

1 »

2 »

Hauptteil

1. Aufgabe
Balanciert euren Hut auf verschiedenen Körperteilen und bewegt euch dabei fort.
Abb. 3.
Ideen der Kinder aufgreifen und ausführen lassen.

Beispiele
- Mit dem Hut auf dem Kopf in der Bauchlage vorwärts rutschen.

- In der Bankstellung krabbeln.

- Auf Händen und Füßen laufen.

- Mit dem Hut auf dem Bauch in der Rückenlage rutschen.

- Im Liegestütz rücklings gehen.

- Den Hut verkehrt herum auf der flachen Hand balancieren und dabei vor-, rück- oder seitwärts gehen.

- Den Hut auf einen Fuß legen und auf dem anderen Bein hüpfen.

- Den Hut in Hochhalte auf dem Zeigefinger vorwärts tragen.

- Gebeugt gehen und den Hut auf dem Nacken balancieren.

- Im Hocksitz den Hut auf die Knie legen und vorwärts rutschen.

- Im Hocksitz den Hut auf die Füße legen und Sitzkarussell fahren.

2. Aufgabe
Denkt euch Wurfübungen mit dem Hut aus.
Ideen der Kinder aufgreifen und ausführen lassen.

Beispiele
- Den Hut im Stand, Sitz, Fersensitz, in der Bauch- oder Rückenlage hochwerfen und zu fangen versuchen.

- Den Hut in den verschiedenen Ausgangsstellungen wegwerfen und hinterherkriechen, -rutschen oder -laufen.

- Den Hut so werfen, dass er sich in der Luft dreht.

- Im Stand oder Sitz den Hut mit einem Fuß hoch- oder wegwerfen.

- Den Hut mit einer Hand hochwerfen und mit der anderen Hand fangen.

3 »

• Den Hut hochwerfen und mit dem Kopf fangen.

• Den Hut im Sitz oder in der Rückenlage zwischen die Füße klemmen und mit Schwung über den Kopf nach hinten werfen.

3. Aufgabe
Verdeckt mit dem Hut eure Augen und geht „blind" herum. Ertastet den Weg langsam mit den Füßen, damit ihr euch nicht stoßt. Abb. 4.

• Die Kinder werden sich den Hut vor das Gesicht halten oder ihn über die Augen ziehen.

4. Aufgabe
Legt euren Hut ab, lauft zur Musik um alle Hüte herum, überhüpft die Hüte, lauft mit Musikende schnell zum eigenen Hut zurück und steckt den aufgerufenen Körperteil in den umgedrehten Hut.

5. Aufgabe
Denkt euch eine zum Hut passende Gangart aus und bewegt euch entsprechend. Abb. 5. Legt euren Hut auf ein Signal auf den Boden und sucht euch schnell einen neuen Hut usw.

Beispiele
• Mit Damenhütchen tänzeln.

• Cowboyhut tief ins Gesicht ziehen und breitbeinig vorwärts gehen oder Pferdchengalopp.

• Mit Sonnenhut vorwärts hüpfen.

• Mit Militärmütze marschieren.

• Mit Schlapphut humpeln.

• Mit Kochmütze rühren.

4»

5»

Spiel: „Der Hutkönig“
Der Hutkönig geht herum und schaut seiner fleißig arbeitenden Dienerschaft bei der Arbeit zu. Alle arbeiten und stricken, malen, hämmern, sägen, rühren oder streichen. Abb. 6.

6 »

Als der Hutkönig müde wird, setzt er sich im Schneidersitz in die Mitte, zieht sich den Hut ins Gesicht und „schläft“. Sofort hört die Dienerschaft zu arbeiten auf, faulenzt oder hüpft frech herum. Abb. 7.

Wenn der Hutkönig aufwacht, sitzen alle wieder an ihrem Platz und arbeiten. Wer vom Hutkönig erwischt wurde, verbringt eine Runde im „Kerker“ (auf der Bank). Wer will jetzt den König spielen?

Spiel: „Figurenkabinett“. Abb. 8.
Die Hälfte der Kinder denkt sich zum Hut passende Figuren aus, bleibt so in der Bewegung erstarrt stehen und wird von den anderen Kindern besichtigt und zum Lachen gebracht. Natürlich versuchen die Figuren, starr und ernst zu bleiben.
Rollenwechsel.

7 »

8 »

Schlussteil

Huttanz
Aus: Karin Schaffner, Die Welt ist schön,
Pohl-Verlag Celle, 1995.

9 »

Refrain
Ich tanz' mit mei'm Hut,
das gefällt mir sehr gut, Abb. 9,
weil ich ihn gern mag,
guten Tag, guten Tag.

10 »

1. Und ich spiele mit ihm Ball,
werf ihn hoch überall,
und ich spiele mit ihm Ball,
manchmal kommt er zu Fall, Abb. 10.

11 »

Refrain

2. Wenn ich Lust am Springen hab'
ja, dann leg ich ihn ab,
wenn ich Lust am Springen hab'
spring ich drüber tripp-trapp, Abb. 11.

Refrain.

12 »

3. Und ich rühre eins, zwei, drei
Milch, Grieß, Zucker und Ei,
und ich rühre eins, zwei, drei
in dem Hut meinen Brei, Abb. 12.

Refrain

4. Danach kommt das Kreiseln dran,
und mein Hut dreht sich dann,
danach kommt das Kreiseln dran,
schaut nur her, was ich kann.

13 »

Refrain

5. Und ich spiele Blindekuh
mit dem Hut so im Nu,
und ich spiele Blindekuh,
halt die Augen mir zu, Abb. 13.

Refrain

6. Auch aufs Klo muss ich nicht geh'n,
tu den Hut nur umdreh'n,
auch aufs Klo muss ich nicht geh'n,
doch das darf niemand seh'n, Abb. 14.

14 »

Spielvorschlag

Refrain:
Mit dem Hut auf dem Kopf tanzen.

1. Hut hochwerfen und zu fangen versuchen.

2. Hut auf den Boden legen und überhüpfen.

3. Umgedrehten Hut im Arm halten, mit der freien Hand „rühren" und „essen".

4. Hut auf hochgehaltenem Zeigefinger kreiseln.

5. Hut vors Gesicht halten und vorsichtig gehen.

6. Umgedrehten Hut auf den Boden legen. Draufsetzen.

Seeräuber-Jenny und ihre wilden Kerle

Benötigte Materialien. Je Kind eine Haushaltsrolle, je Kind ein Blatt Papier, je Kind ein Stück Kreide, drei bis vier Bälle, ein Tuch zum Augenverbinden, ein Schwungtuch, eine Fahne im Ständer.

Einleitung

Die Seeräuber haben sich auf eine Insel zurückgezogen, weil die Pest ausgebrochen ist. Ob die Krankheit sie auch ereilt?

Spiel: „Wir haben die Pest an Bord"
Ein Kind mit Haushaltsrolle ist die „Pest" und versucht, möglichst viele Kinder abzuschlagen. Wer getroffen ist, bleibt, an „Pest" erkrankt, im Grätschstand stehen und wird erst wieder gesund, wenn ein „gesundes" Kind durch die gegrätschten Beine gekrabbelt ist. Abb. 1.
Da dieses Spiel kein Ende hat, wird es irgendwann abgebrochen. Die „Pest" hat sich ausgetobt und die letzten „Kranken" werden noch schnell erlöst.

Die Seeräuber-Jenny ist froh, dass alle wilden Kerle wieder gesund sind und turnt vor Freude einen Purzelbaum. Die Seeräuber haben schon lange nicht mehr gefeiert, aber die Rumflaschen sind im Geheimversteck. Sie setzen sich ins Ruderboot, um sie zu holen.
Im Grätschsitz hintereinander auf den Boden oder eine Langbank setzen und gemeinsam im Wechsel vor- und rückbeugen. Am Versteck angekommen, steigen alle schnell aus und laufen zur „Rum-Kiste": Jedes Kind nimmt sich eine Haushaltsrolle.

Dann geht's im Ruderboot zurück (siehe oben) und Seeräuber-Jenny schaut durchs Fernrohr, ob die Luft rein ist: Jenny schaut durch die Haushaltsrolle auf das „Meer" hinaus.

Kaum an Land, da geht die Feier los. Die wilden Kerle feiern ausgelassen. Sie stoßen die Flaschen aneinander, Prost! Trinken und Grölen. Abb. 2.
Die Kinder frei gestalten lassen.

1 »

2 »

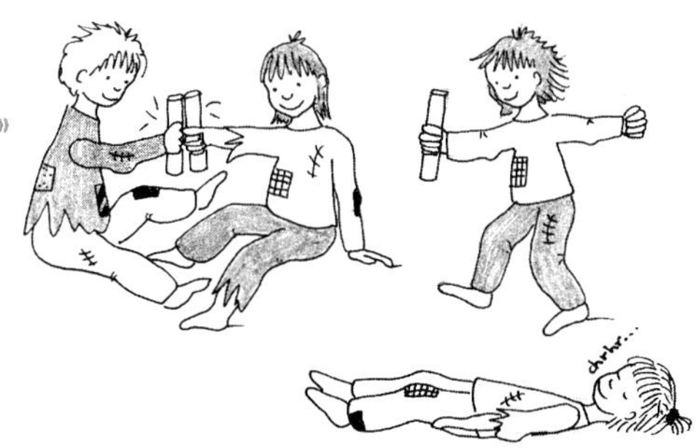

• Sie torkeln „betrunken" herum, schwenken ihre Fahne und bald liegen sie am Boden und schnarchen so laut, dass die Insel bebt und die Palmen ihre Köpfe schütteln.
Die Kinder frei gestalten lassen. Abb. 2 (siehe Seite 87).
Während die Kinder schnarchen, versteckt die Leiterin schnell die Fahne.

3 »

Hauptteil

Als die wilden Kerle aufwachen, dehnen sie sich und gähnen laut.
Spielen wie beschrieben.

Dann entdecken sie die vielen leeren Flaschen und haben viele Übungsideen, um wieder fit zu werden.
Ideen der Kinder aufgreifen, zum Beispiel:

• Haushaltsrolle stehend oder liegend auf verschiedenen Körperteilen balancieren (Kopf, Hand, Nacken, Fuß). Abb. 3.

• Über die liegende Haushaltsrolle hüpfen (seitwärts zickzack, vor- oder rückwärts, auf einem oder beiden Beinen seitwärts hüpfen).

4 »

• Die Haushaltsrolle mit verschiedenen Körperteilen rollen (Hand, Fuß, Kopf, Ellenbogen, Knie). Abb. 4.

• Die Haushaltsrolle am Boden kreiseln lassen.

• Die Haushaltsrolle hochwerfen und fangen und dabei Kunststücke ausführen (ein- bis zweimal in die Hände klatschen, Rolle in der Luft drehen, hinter dem Rücken hochwerfen, in der Hocke fangen).

• Die Haushaltsrolle als Fußball benutzen.

- Zu Paaren mit der Haushaltsrolle fechten. Abb. 5.

- Die Haushaltsrolle als Fernrohr benutzen.

- Die Haushaltsrollen als Kegel aufstellen und mit einem Ball zu treffen versuchen. Abb. 6.
Kleingruppen bilden lassen.

Seid ihr wieder fit? Jaaa!!! Das wollen wir mal sehen:

Spiel: „Ordnen – Mischen"
Die Seeräuber-Jenny ruft „Ordnen" und alle stellen sich so schnell wie möglich der Größe nach auf. Stehen auch alle richtig? Abb. 7.

Die Seeräuber-Jenny ruft „Mischen" und alle laufen durcheinander.
Mehrmals spielen lassen.

Spiel: „Blitzschnell reagieren"
Zu Paaren zusammengehen.

Ein Kind gibt in bunter Folge Zeichen und das andere führt so schnell wie möglich die dazu gehörende Übung aus. Zeichensprache: Faust = Schneidersitz; Zeigefinger zeigt nach oben = Ballenstand und Arme in Hochhalte Abb. 8, geöffnete, flache Hand mit Handrücken nach unten – Rückenlage; mit Handfläche nach unten = Bauchlage.
Wechseln.

Spiel: „Flaschenpost"
Die wilden Kerle sind tatsächlich fit. Sie bekommen ein Blatt und einen Stift und dürfen eine Nachricht schreiben oder malen. Vielleicht denken die Freunde und Verwandten ja, sie seien schon längst an der „Pest" gestorben. Vielleicht wollen sie aber etwas ganz anderes zu Papier bringen???

7 »

5 »

6 »

8 »

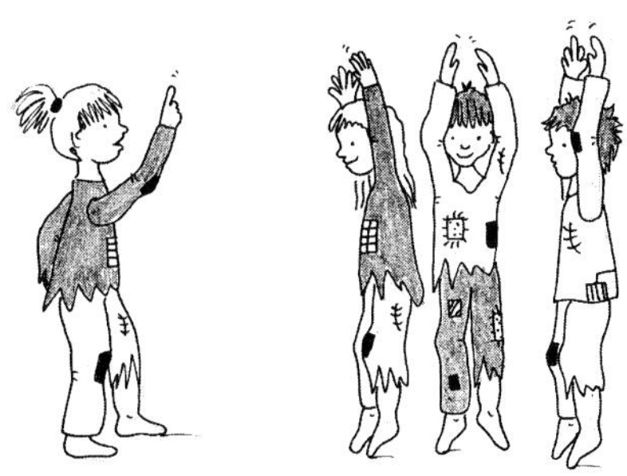

9 »

Die Kinder schreiben oder malen eine Nachricht und stecken sie in eine Flasche bzw. Haushaltsrolle. Abb. 9.

Das in der anderen Hallenhälfte ausgebreitete Schwungtuch ist das Meer. Alle werfen ihre Flaschenpost hinein. Abb. 10.

Ist das spannend! Alle gehen wieder zum Übungsplatz auf der Insel zurück.

Die Kinder bekommen ein Stück Kreide und malen sich ein großes Oval auf den Boden = ein Schiff. Kreide anschließend wieder wegräumen.

Das Vorderteil des Schiffes heißt Bug. Das Hinterteil des Schiffes heißt Heck. Die linke Schiffsseite heißt Backbord und die rechte Schiffsseite heißt Steuerbord.

10 »

Reaktionsspiel

Die Leiterin ruft die einzelnen Begriffe und die Kinder springen auf den entsprechenden Platz am Schiff. Abb. 11.

Zum Schluss dürfen alle ins Wasser springen und um das „Schiff" herumschwimmen.

In der Bauchlage um das „Schiff" herumrutschen. Damit die Seeräuber nicht aus der Übung kommen, spielen sie als nächstes „Wilde Verfolgung".

11 »

Spiel: „Wilde Verfolgung"

Regeln wie „Schwarz/Weiß"

Zwei Gruppen liegen sich in Bauchlage im Abstand von 2 bis 3 Metern gegenüber und bilden je eine Linie. Eine Gruppe sind die „Blödiwutze" und die andere Gruppe die „Doofibatze". Abb. 12. Die jeweils aufgerufene Gruppe sind die Ausreißer. Sie laufen so schnell wie möglich hinter eine zuvor vereinbarte Linie zurück. Wer gefangen wird, wechselt die Gruppe.

Die Kinder nicht bis zur Wand laufen lassen, da wegen des hohen Tempos Verletzungsgefahr besteht.

Wo ist eigentlich die Fahne geblieben?
Sie ist geraubt!!!

Spiel: „Der Fahnenräuber"

Der Räuber sitzt in der Mitte des Kreises und „schläft". Unter seinen angehockten Beinen liegt die Fahne. Ein Kreiskind schleicht sich an und versucht, die Fahne zu bekommen. Wenn der Räuber rechtzeitig hört, aus welcher Richtung sein Feind kommt und richtig hinzeigt, muss das Kreiskind zurück auf seinen Platz.

Mehrmals in wechselnden Rollen spielen. Abb. 13. *Zuletzt stellen die wilden Kerle ihre Fahne wieder an ihren alten Platz.*

Alle Kinder gehen nun zum „Meer" – dem Schwungtuch – und verteilen sich gleichmäßig um das Schwungtuch herum.

Mit beiden Händen den Rand fassen.

12 »

13 »

• Es ist Windstille. Das „Meer“ bewegt sich kaum.
Vorsichtig ganz wenig bewegen.

• Ein leiser Wind kommt auf.
Etwas stärker bewegen.

• Der Wind wird stärker.
Spielen wie beschrieben.

• Windstärke 12!
Starke Wellen machen, die Flaschen rollen kreuz und quer und hüpfen hoch. Abb. 14.

• Die letzten Flaschen rollen an den Strand.
Das Tuch entsprechend bewegen, bis alle Haushaltsrollen am Boden liegen.

• Der Wind wird schwächer, die Wellen ruhiger.
Spielen wie beschrieben.

• Es ist wieder Windstille. Nichts rührt sich mehr.
Tuch ablegen.

Seht nur! Flaschenpost! Sammelt sie ein!
• Alle Kinder sammeln eine Flasche ein und setzen sich im Kreis. Wer die wohl abgeschickt hat?!? Was da wohl drin ist?!?

• Die Kinder holen die Post aus der Flasche.

• Anschauen, vorlesen, vorzeigen.
Die Haushaltsrollen werden weggeräumt.

14 »

Schlussteil

„Das Traumschiff"
Die Kinder falten sich aus der Flaschenpost ein Boot. Dann legen sich alle auf den Rücken. Die Arme liegen neben dem Körper, die Beine sind gestreckt und die Füße fallen locker nach außen. Die Kinder stellen das Schiffchen auf ihren Bauch. Abb. 15.
Es ist still. Die Leiterin spricht den Text leise, nicht betont, sondern eher monoton:

Es ist ganz still. Das Schiffchen schwimmt im Wasser. Du bist das Wasser. Es ist Windstille. Das Wasser ist ruhig. Das Schiffchen bewegt sich leise auf und ab. Dein Atem bewegt das Schiffchen. Schau zu, wie es sich ganz sanft bewegt. Auf und ab und auf und ab. Du bist das Wasser.

15 »

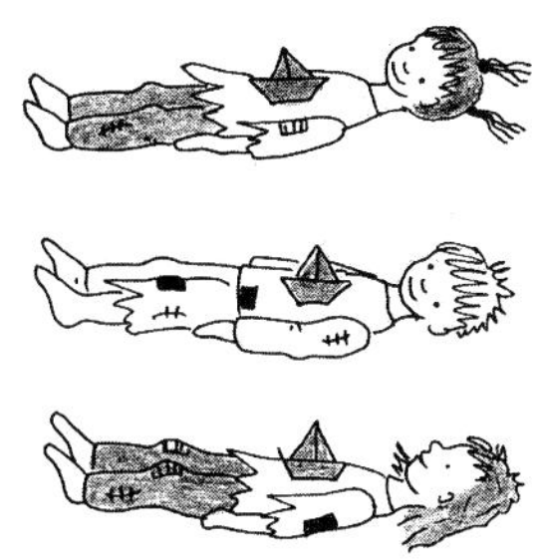

Schließe nun die Augen und fühle das Schiffchen. Den folgenden Reim langsam sprechen und mehrmals wiederholen:

Das Schiffchen schwimmt im Wasser,
ganz ruhig vor sich hin,
ganz ruhig geht es auf und ab,
weil ich das Wasser bin.
Mein Atem hebt und senkt das Schiff,
und hat sonst nichts im Sinn,
Das Schiffchen schwimmt im Wasser,
ganz ruhig vor sich hin.

Öffnet die Augen wieder und schaut eurem Schiffchen zu.

Setzt euch wieder.
Mit den Kindern darüber sprechen, welches Wasser sie waren. Das große Meer, ein See, ein Fluss, ein Teich oder ein Bach?

Turnen mit alten Krawatten

Benötigte Materialien. Im Übungsraum ist eine Wäscheleine gespannt, an der Krawatten, drei- bis viermal soviel wie Kinder teilnehmen, mit Wäscheklammern befestigt sind. Die Krawatten können auch an den Sprossenwänden hängen.

1 »

Einleitung

Leiser Beginn

Die Übungsleiterin winkt und ruft die Kinder leise in eine Ecke der Turnhalle. Sie zeigt geheimnisvoll auf die Wäscheleine: „Der Krawattenkönig hat große Wäsche!"

Alle Kinder holen sich so leise wie möglich, damit der König nichts merkt, eine Krawatte von der Leine. Abb. 1.

2 »

Experimentierphase

Probiert, was ihr mit der Krawatte alles machen könnt. Die Kinder werden sie auf verschiedene Art tragen, legen, werfen, fangen, schlängeln, ziehen, schwingen; sie als Hindernis übersteigen oder darauf balancieren. Abb. 2.

Spiel: „Der König kommt!"

Alle Krawatten liegen zu kleinen Häufchen geformt gleichmäßig verteilt in der Halle. Alle Kinder gehen, laufen oder hüpfen zur Musik um die Krawatten. Mit Musikende ruft die Leiterin: „Er kommt", alle laufen zu ihren Krawatten und decken sie in Bauchlage mit dem Bauch zu. Abb. 3.

Nun läuft die Leiterin oder ein Kind als König herum, schaut wild um sich und ruft: „Wo sind meine Krawatten?" Natürlich findet er keine.

Mit Musik beginnt das Spiel von vorn. Vorher bestimmen die Kinder, mit welchem Körperteil die Krawatten nun versteckt/abgedeckt werden sollen, zum Beispiel mit den Füßen, dem Po oder dem Rücken.

• A-Kind hält ein Krawattenende in der Hand, B-Kind steht mit einem Fuß auf dem anderen Ende, vorsichtig fortbewegen. Abb. 4.

2. Aufgabe
Abschleppdienst. Ein Kind schleppt das andere Kind mit Hilfe der Krawatte ab. *Wechsel nicht vergessen!*

Beispiele
• A-Kind hat die Krawattenmitte beidhändig gefasst und wird in Bauch-, Rückenlage, Sitz oder Stand von B-Kind gezogen.

Hauptteil

Zu Paaren mit einer Krawatte zusammengehen.

1. Aufgabe
Bewegt euch zur Musik und haltet die Krawatte zwischen euch immer straff gespannt. Setzt euch mit Musikende.

Beispiele
• Vor-, rück- oder seitwärts gehen, laufen oder hüpfen, dabei die Krawatte in Hoch- oder Tiefhalte tragen. Abb. 4.

• Die Krawatte durch die Beine ziehen und vor-, rück- oder seitwärts gehen.

• Im Sitz vor-, neben- oder hintereinander die Krawatte in Hoch- oder Tiefhalte tragen.

• In Bauch- oder Rückenlage sich mit straff gespannter Krawatte fortbewegen.

• Auf Händen und Füßen oder in der Bankstellung vor-, rück- oder seitwärts bewegen.

3 »

4 »

B-Kind geht dabei vor- oder rückwärts oder rutscht wie beim Tauziehen auf dem Po rückwärts. Abb. 5.

3. Aufgabe

Turngerüst. A-Kind stellt unter Einbeziehung seines eigenen Körpers und der Krawatte ein Turngerüst dar und B-Kind denkt sich Übungen daran aus.
Wechsel nicht vergessen!

Beispiele

- A-Kind liegt in Rückenlage mit vorhochgehobenen Beinen, die Krawatte wird über die Füße gezogen und beidhändig straff gehalten. B-Kind schlängelt sich untendurch. Abb. 6.

5 »

- A-Kind sitzt im Grätschsitz und hält die Krawatte beidhändig straff in Vorhalte gefasst. B-Kind steigt über die Krawatte und krabbelt untendurch.

- A-Kind steht im Grätschstand und hält die Krawatte beidhändig locker vor dem Körper. B-Kind klettert von vorn über die Schlinge und krabbelt durch die gegrätschten Beine.

- A-Kind steht mit beiden Füßen auf einem Krawattenende und hält das andere Ende beidhändig in Vorhalte gefasst. B-Kind steigt zwischen A-Kind und Krawatte hindurch und läuft um A-Kind herum.

- A-Kind hält die Krawatte an einem Ende gefasst in Vor- oder Seithalte, das andere Krawattenende berührt den Boden. B-Kind krabbelt in der Form einer Acht um A-Kind und Krawatte. Abb. 6.

- A-Kind steht im Grätschstand in leichter Rumpfvorbeuge und hält die Krawatte beidhändig straff waagerecht vor dem Körper an den Enden gefasst. B-Kind krabbelt von hinten durch die gegrätschten Beine und klettert anschließend über die Krawatte. Abb. 6.

6 »

4. Aufgabe

Denkt euch Partnersprünge an der liegenden Krawatte aus.

Beispiele

- Stand gegenüber mit Beidhandfassung auf derselben Krawattenseite. Zickzackhüpfen. Abb. 7.

- Stand nebeneinander mit Innenhand fassung. Schluss-, Pferdchensprünge oder Schrittwechselhüpfer, Drehsprünge mit Wechsel der Handfassung.

5. Aufgabe

Karussellspiele. Beide Kinder denken sich unter Einbeziehung der Krawatte Karussellspiele aus.

Beispiele

- A-Kind hält in jeder Hand ein Krawattenende und dreht sich am Ort, während B-Kind, die Krawatte mit einer Hand gefasst, um A-Kind läuft. Abb. 8.

- A- und B-Kind haben je ein Krawattenende mit einer Hand gefasst und laufen bei straff gespannter Krawatte umeinander herum.

7 »

8 »

6. Aufgabe

Dreibeinlaufen. Mit zusammengebundenen Innenfüßen denken sich die Paare immer neue Fortbewegungsarten aus.

Beispiele

- Vor-, rück- oder seitwärtsgehen, rutschen oder hüpfen. Im Sitz auf dem Po vorwärtsrutschen oder in der Bankstellung fortbewegen. Abb. 9.

9 »

Schlussteil

Alle Krawatten kommen in den königlichen Kleiderschrank. Alle Krawatten liegen am Boden verteilt. Die A-Kinder sitzen mit einem Arm in Vorhalte als „Krawattenhalter" auf der Bank (im Kleiderschrank), alle B-Kinder stehen als „Diener" vor ihrem „Krawattenhalter" (Partnerkind). Auf ein Signal laufen alle B-Kinder los, sammeln Krawatten ein und hängen sie auf ihren Halter. Der Krawattenkönig hat verfügt, dass die Diener immer nur eine Krawatte zum Halter tragen und dann erst die nächste holen dürfen. Wer sammelt die meisten Krawatten ein? Abb. 10.

10 »

Punkt, Punkt, Komma, Strich ...

Einleitung

Bewegt euch zur Musik vor-, rück- oder seitwärts und macht euch mit Musikende so klein wie ein Punkt.
Mehrmals spielen und verschiedene Möglichkeiten ausprobieren.
Abb. 1.

Geht mit Musikende zu zweien zusammen und formt gemeinsam einen langen Strich.
Mehrmals spielen und verschiedene Möglichkeiten ausprobieren.
Abb. 2 und Abb. 3.

Geht mit Musikende zu dreien zusammen und formt gemeinsam ein Dreieck.
Ablauf wie vor.

Geht mit Musikende zu vieren zusammen und formt gemeinsam ein Viereck/Quadrat.
Ablauf wie vor.

Geht mit Musikende zu fünfen zusammen und formt gemeinsam einen Kreis.
Ablauf wie vor.

1 »

2 »

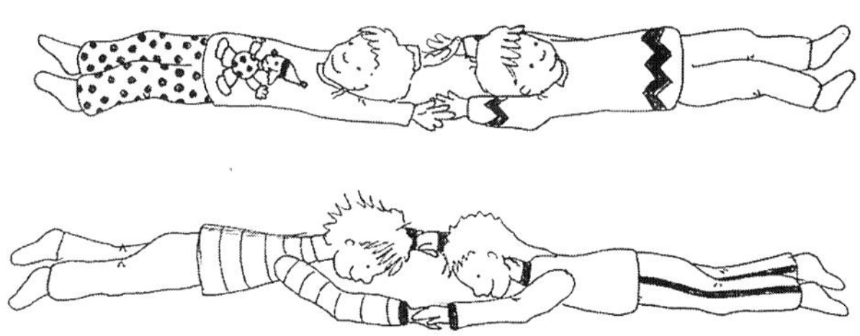

3 »

Abschluss: Die Leiterin ruft mit Musikende eine Zahl im Zahlenraum eins bis fünf und die Kinder bauen wie zuvor entsprechend der aufgerufenen Zahl Punkte (1), Striche (2), Dreiecke (3), Vierecke/Quadrate (4) oder Kreise (5). Abb. 4, 5 und 6.

4 »

Hauptteil

Jedes Kind bekommt eine Teppichfliese, sucht sich einen Platz im Raum und legt die Fliese mit der rutschfesten Seite nach unten dort ab. Dann über die Fliese sprechen: Sie hat vier Ecken, vier gleich lange Seiten. Wie nennt man eine solche Form? – Ja, Viereck oder Quadrat.

1. Aufgabe
Denkt euch Übungen auf der Fliese aus. Ihr dürft dabei aber nicht den Boden berühren.

5 »

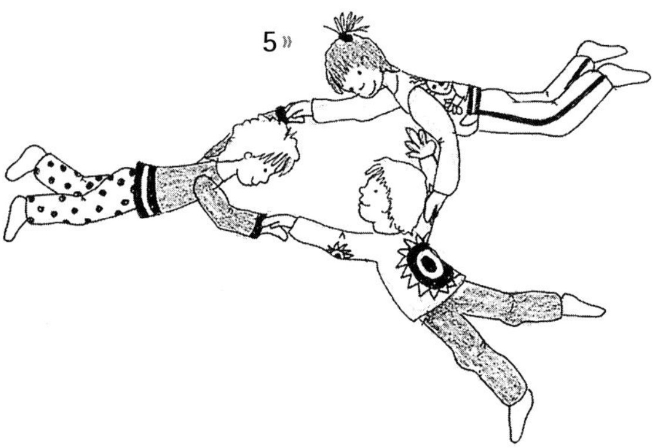

6 »

Beispiele

- Balancieren auf einem Bein.

- Im Stand mit ausgestreckten Armen im Kreis drehen.

- Im Stand mit der Nasenspitze die Knie berühren.

- Im Schwebesitz die Beine abwechselnd strecken und anhocken. Abb. 7.

7 »

Versucht, in der Bauchlage auf der Fliese zu liegen, ohne den Boden zu berühren. Oberkörper und Beine leicht vom Boden abheben.

Reaktionsspiel

Die Leiterin ruft in schneller Folge Ausgangsstellungen auf, die so schnell wie möglich eingenommen werden.

2. Aufgabe

Denkt euch wieder Übungen an der liegenden Fliese aus. Ihr dürft aber nun den Boden berühren.

Beispiele

- Fliese umlaufen oder umhüpfen.

- Fliese vor-, rück- oder seitwärts mit einem oder beiden Beinen überhüpfen.

- Auf die Fliese stützen und sie mit den Füßen umlaufen.

- Im Winkelliegestütz auf die andere Fliesenseite stützeln und wieder zur Bauchlage kommen. Abb. 8.

8 »

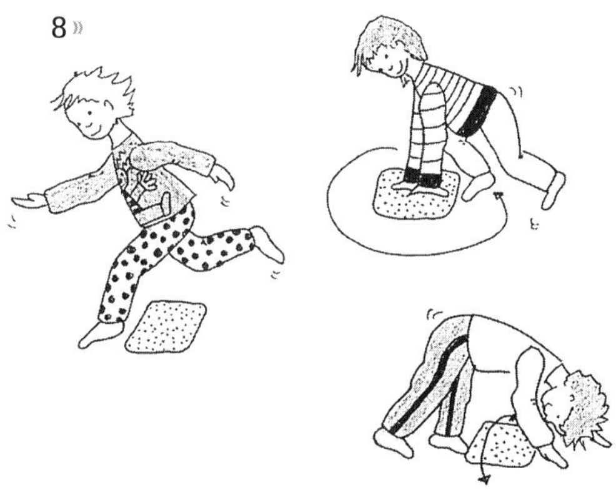

3. Aufgabe

Denkt euch Übungen mit der Fliese (am Ort) aus. Die Fliese darf nun den Boden verlassen.

Beispiele

- Fliese in verschiedenen Ausgangsstellungen hochwerfen und zu fangen versuchen.

- Fliese im Sitz mit den Füßen hochwerfen und mit den Händen zu fangen versuchen.

- Fliese im Grätschstand um die Beine herum geben oder schieben, auch in Form der liegenden Acht.

- Fliese im Strecksitz zwischen die Füße klemmen und „schaukeln". Wechsel zwischen Rückenlage mit Beinhochhalte und Sitz. Abb. 9.

9 »

4. Aufgabe

Zur Musik alle Fliesen umkurven oder überhüpfen. Mit Musikende ruft die Leiterin eine Zahl im Zahlenraum zwei bis vier auf und entsprechend viele Kinder versuchen, auf einer Fliese Platz zu finden. Die entsprechenden Gruppen denken sich Gemeinschaftsübungen mit ihrer Fliese aus.

Beispiele mit zwei Kindern

- Stand gegenüber mit Beidhandfassung, ein Kind steht auf der Fliese und hüpft, vom Partnerkind unterstützt, abwechselnd nach links und rechts neben die Fliese.

- Stand gegenüber. Fliese beidhändig gefasst. Fliese seithoch heben und unter der Fliese durchgehen.

- Im Grätschsitz gegenüber, Fliese beidhändig gefasst.

- Im Wechsel Rückenlage/Sitz ausführen.

- Im Grätschstand Rücken an Rücken die Fliese abwechselnd über den Kopf und durch die Beine geben. Abb. 10 und 11.

10 »

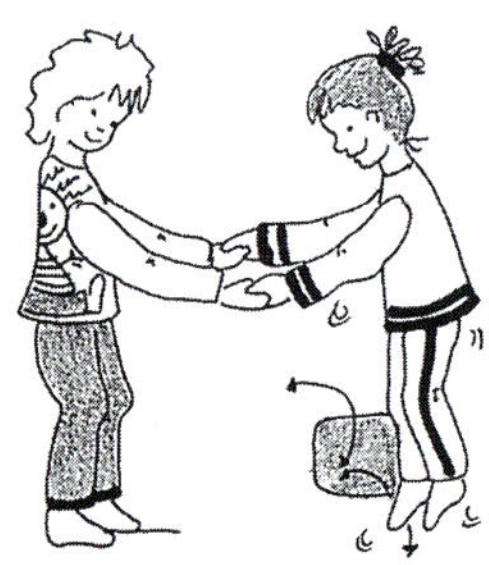

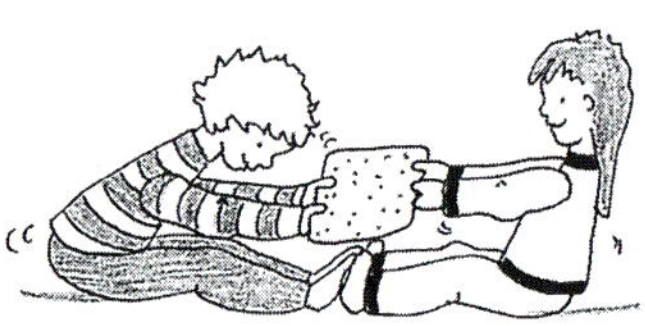

11 »

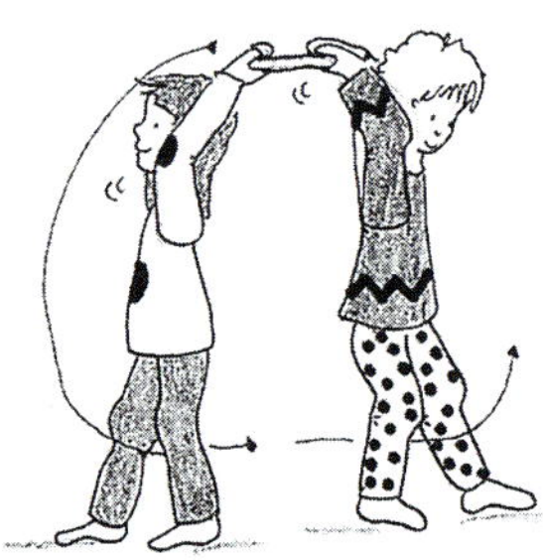

Beispiele mit drei Kindern

- Im Kreis um die Fliese herum sitzen und mit den Füßen unter die Fliese krabbeln. Die Fliese mit den Füßen heben und senken.

- Ein Kind sitzt im Schwebesitz auf der Fliese und wird von den beiden anderen im Kreis gedreht. Abb. 12 und 13.

Beispiele mit vier Kindern

- Alle fassen rechts ein Flieseneck und drehen sich am Ort, im Stand, im Sitz oder in der Bankstellung. Abb. 14.

- Wie vor, aber Fliese auf die flachen Hände legen und gemeinsam fortbewegen.

- Wie vor, aber die Fliese heben und senken.

5. Aufgabe

Legt gemeinsam aus allen Fliesen einen langen Strich (Linie/Reihe) und denkt euch Fortbewegungsarten daran aus. Darauf achten, dass die rutschfeste Seite nach unten kommt.

Beispiele

- Vor-, rück- oder seitwärts über die Fliesen gehen.

- Auf Händen und Füßen über die Fliesen laufen. – In der Grätsche rechts und links neben den Fliesen laufen. Abb. 15.

12»

13»

14»

15»

• Die Hände laufen auf den Fliesen, die Füße laufen nebenher.

Könnt ihr aus euren Fliesen auch Drei- oder Vierecke legen?
Die Kinder experimentieren lassen.
Abb. 16.

Schafft ihr auch einen Kreis mit Gesicht?
Die Kinder bauen lassen und eventuell unterstützen. Das gemeinsame Werk betrachten.

16 »

Schlussteil

Ein Gesicht auf den Boden malen – erst mit der rechten, dann mit der linken Hand: Punkt, Punkt, Komma, Strich, fertig ist das Mondgesicht, und zwei Ohren noch daran, Haare braucht er auch, der Mann. Könnt ihr das Gesicht auch in die Luft malen? Abb. 17.

Geht zu Paaren zusammen und malt euch das Gesicht gegenseitig auf den Rücken. Ob eure Rücken auch die Formen erkennen können, mit denen wir heute gespielt haben? Lasst euch die Formen auf den Rücken malen und versucht sie zu erraten: Punkt, Strich, Dreieck, Viereck und Kreis. Abb. 18.

Fliesen wegräumen nicht vergessen.

17 »

18 »

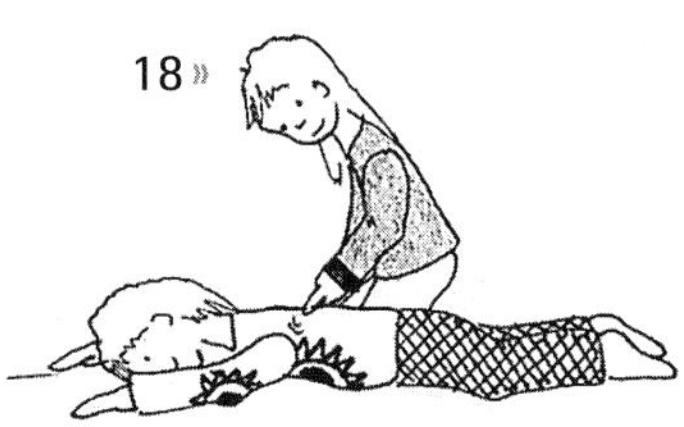

Spielen und üben mit zwei runden Handgeräten

Einleitung

Für jedes Kind ist ein Tennisring und ein Ball vorhanden. Die Tennisringe mit den daraufliegenden Bällen werden im Übungsraum gleichmäßig verteilt.

Zur Musik um die Geräte gehen, laufen, hüpfen, ohne anzustoßen. Abb. 1.

1 »

Mit Musikende schnell einen „Sitzplatz" auf einem Ball finden. Mehrmals wiederholen.

Sitzenbleiben. Könnt ihr ein Bein hochheben, ohne vom „Sitz" zu fallen? Geht es auch mit dem anderen Bein? Könnt ihr auch beide Beine heben, ohne umzufallen? Abb. 2.

2 »

Hauptteil

- Rollt euren Ball um euren Tennisring herum und wechselt auf ein Signal die Richtung. Abb. 3.

3 »

- Rollt euren Ball um alle Tennisringe herum und auf ein Signal schnell zu eurem Tennisring zurück.
- Könnt ihr den Ball auch mit verschiedenen Körperteilen um die Tennisringe herumrollen, z. B. mit dem Kopf, Ellenbogen, Knie, Fuß? Abb. 4.

4 »

• Könnt ihr aus der Entfernung den Ball zum Tennisring rollen (Entfernung steigern)?

• Könnt ihr auch umgekehrt den Ball mit dem Tennisring treffen? Probiert verschiedene Techniken aus, z. B. Tennisring rollen, Tennisring liegend rutschen. Abb. 5.

Vergleicht die Geräte.
Welche Unterschiede erkennt ihr – Material, Form, Aussehen usw.?

• Werft den Ball oder Tennisring hoch, z. B. mit einer Hand, unter einem Bein hindurch, vom Rücken nach vorn über den Kopf, fangen mit einer Hand, vor dem Fangen in die Hände klatschen, um die eigene Achse drehen. Abb. 6.

5 »

6 »

• Den Ball oder Tennisring auf verschiedenen Körperteilen balancieren und sich dabei vorsichtig fortbewegen, z. B. beim Gehen auf dem Kopf, der Handfläche oder dem Handrücken; in der Bankstellung auf dem Rücken; im Krebsgang auf dem Bauch. Abb. 7.

• Den Ball oder Tennisring in verschiedenen Ausgangsstellungen transportieren, z. B. den Tennisring unter das Kinn, den Arm oder in die Kniekehle klemmen; an Finger, Arm oder Fuß hängen; Ball unter den Arm, zwischen die Beine oder Füße klemmen und im Stand oder im Sitz fortbewegen.

• Könnt ihr auch beide Geräte gleichzeitig transportieren? Mit dem Tennisring am Fuß und dem Ball unter dem Arm in der Bauchlage rutschen oder auf einem Bein hüpfen. Mit dem Tennisring am Handgelenk und dem Ball zwischen den Füßen in der Bankstellung vorwärtsrutschen oder im Stand vorwärtshüpfen. Abb. 8.

7 »

8 »

• Versucht, Kunststücke mit beiden Geräten gleichzeitig auszuführen. Den Ball mit dem Tennisring hochwerfen und fangen; rükkwärtsgehend den Ball mit Hilfe des Tennisrings mitrollen; mit dem Tennisring auf dem Kopf den Ball hochwerfen und fangen; Tennisring auf dem Ball balancieren. Abb. 9.

Schlussteil

Spiel: „Der König ist müde"

Der strenge König passt auf, dass sein Volk immer fleißig für ihn arbeitet. Alle haben ihr Werkzeug (Ball/Tennisring) und sind bei der Arbeit.

Im Sitz Arbeitsübungen ausdenken, z. B. Ball kneten, kreiseln, prellen, Tennisring drehen, kreiseln, auf Ball oder Boden schlagen, zusammenklappen. Abb. 10.

9 »

Der König hat seine Krone auf (Tennisring) und geht mit strengem Gesicht herum. Er ist sehr zufrieden, weil alle so fleißig sind. Plötzlich muss er gähnen (Uah!). Er sagt: „Ich bin müde", und setzt sich zum Schlafen hin. Er schläft immer im Sitzen, damit ihm die Krone nicht herunterfällt. Hört ihr ihn schnarchen (chrrrrr)? Alle legen schnell ihr Werkzeug hin (Ball auf Tennisring) und tanzen übermütig herum. Aber aufgepasst, wenn der König wach wird und jemanden erwischt, muss er in den Kerker (einmal aussetzen)!

Mehrmals spielen lassen und Rollenwechsel vornehmen.

10 »

Sammeln vielfältiger Bewegungserfahrungen mit Haushaltsrollen und Tennisbällen

Einleitung

Für jedes Kind werden je eine leere Toilettenpapierrolle bzw. Haushaltsrolle und ein Tennisball bereitgelegt.

Aufwärmen

Mit Rolle

„Wen seh' ich denn da? Wen seh' ich denn da? Oh, du bist (ihr seid) ja auch schon da!"
Mehrfach wiederholen, dabei durch die Rolle schauen, andere Kinder entdecken. Beim „Oh, du bist ..." evtl. die Rolle vom Auge wegnehmen und direkten Blickkontakt zum anderen Kind (zu anderen Kindern) aufnehmen. Rhythmisch zum Reim fortbewegen und nach links und rechts schauen. Abb. 1.

„Hallo Popo!" Kreuz und quer laufen und so schnell wie möglich so viele Popos wie möglich durch Antippen mit der Rolle „begrüßen". Abb. 2.
Weitere Körperteile „begrüßen": Schulter, Arm und Kopf.

2 »

1 »

Hauptteil

Mit Rolle und Ball

- Die liegende oder stehende Rolle auf verschiedenen Körperteilen balancieren, z. B. auf Kopf, Schulter, Handfläche oder -rücken; auf Rücken, Bauch oder Fuß und dabei in verschiedenen Ausgangsstellungen sich um die Bälle herum fortbewegen, z. B. Bauch- oder Rückenlage, Bankstellung oder Stand. Abb. 3.

3 »

- Lässt sich auch der Ball auf verschiedenen Körperteilen balancieren? Kinder experimentieren lassen. Warum lässt sich der Ball schwerer balancieren?
Ja, weil er kugelrund ist!

- Rolle hochhalten, fallenlassen und beobachten, wie sie sich bewegt. Abb. 4.
Mehrmals üben. Anschließend das gleiche mit dem Ball.

4 »

- Die am Boden liegende Rolle mit den verschiedenen Körperteilen um die liegenden Bälle herumbewegen, z. B. mit Hand, Kopf, Schulter, Ellenbogen, Knie oder Fuß. Abb. 5.
Anschließend das gleiche mit dem Ball.

5 »

- Rolle hochwerfen und fangen, z. B. die Rolle beim Werfen waagerecht und senkrecht halten oder ihr einen Drehschwung geben; sie im Liegen, Sitzen oder Stehen werfen und in derselben oder einer anderen Position fangen; sie im Stehen unter einem Bein vorhoch werfen und fangen oder sie im Sitzen mit den Füßen hochwerfen und mit den Händen fangen. Abb. 6.
Anschließend das gleiche mit dem Ball.

6 »

- Die Rolle im Stand über den ganzen Körper rollen lassen, z. B. die Beine hoch, über Bauch, Brust und Kopf, am Hals entlang, über den Arm bis zur Hand und wieder zurück, um die Taille herum. Abb. 7. *Anschließend das gleiche mit dem Ball.*

- Geräusche machen. Rolle und Ball in je eine Hand nehmen, im Raum herumgehen und mit beiden abwechselnd auf andere Gegenstände im Raum schlagen. Auf den unterschiedlichen Klang horchen. Abb. 8.

- Gleichzeitig Rolle und Ball zwischen verschiedene Körperteile klemmen und in verschiedenen Ausgangsstellungen fortbewegen, z. B. Rolle unter dem Arm und Ball unter dem Kinn; Rolle zwischen der Kniekehle und Ball zwischen den Händen. Abb. 9.

- Die Rolle ununterbrochen um den liegenden Ball rollen. Anschließend umgekehrt. Abb. 10. Was geht leichter? Warum?

7 »

9 »

8 »

10 »

• Die Rolle rollt und stoppt den Ball, z. B. mit ihrer Längs- oder Hohlseite oder mit ihrer Kante durch sanftes Schieben oder starkes Stoßen.
Anschließend umgekehrt üben.

• Mit der (rollenden) Rolle versuchen, den Ball zu treffen. Mit dem (rollenden) Ball versuchen, die stehende oder liegende Rolle zu treffen.
Unterschiede beobachten.

Schlussteil

Es gibt zwei Möglichkeiten, beide Geräte gleichzeitig zu tragen, aber dabei nur eines selbst zu berühren. Wer kommt auf die Lösung?

• Rolle auf dem gefassten Ball balancieren. Abb. 11, rechts.

• Ball auf der gefassten Rolle balancieren. Abb. 11, links.

11 »

Sicher kommen alle auf die beiden Lösungen. Aber ob sie auch noch die folgenden Übungen schaffen?

• Den Ball mit Hilfe der Rolle hochwerfen und mit der Rolle fangen. Abb. 12, rechts.

• Den Ball auf den Boden fallen lassen und den hochspringenden Ball mit der Rolle auffangen. Abb. 12, links.

12 »

• Vielleicht können alle den Ball auf der Rolle über einen Hindernisparcours tragen (auf der Bank entlang, auf dem Seil entlang, durch senkrecht stehende Reifen usw.) und zuletzt in das bereitgestellte Kastenteil werfen.

Immer an der Bank lang

Einleitung

Mehrere Bänke stehen parallel in der Halle verteilt. Die Kleingeräte liegen an der Hallenseite bereit (Tennisringe und -bälle, Säckchen, Joghurtbecher usw.).

Zur Musik in Kurven um alle Bänke vor-, rück- oder seitwärts gehen, laufen oder hüpfen. Abb. 1.

Auf einen Tamburinschlag schnell eine Bank einmal überhüpfen.

Auf zwei Tamburinschläge schnell einmal unter einer Bank durchkrabbeln.

Auf drei Tamburinschläge auf einer Bank entlanglaufen.

1 »

Reaktionsspiel mit Zeichensprache
Alle stehen vor der Längsseite der Bank und führen die Aufgaben so schnell wie möglich aus.

- Faust = Sitz auf der Bank.

- Zeigefinger zeigt nach oben = Stand auf der Bank. Abb. 2.

- Zeigefinger zeigt nach unten = Bauchlage unter der Bank.

- Handinnenfläche zeigt nach unten = Bauchlage auf der Bank.

2 »

Hauptteil

Körperwahrnehmung
Um die Bänke gehen, laufen, hüpfen, auf Zuruf schnell den aufgerufenen Körperteil auf die Bank legen.

Beispiele

- Kopf, Hände, Ellenbogen, Bauch, Zeigefinger, Nase, Ohr, Knie, Füße oder Po.

Dasselbe geht auch als Reaktionsspiel am Ort. Sicher haben alle ihre Körperteile gut im Kopf. Bei jedem Tamburinschlag schnell den aufgerufenen Körperteil auf die Bank legen. Abb. 3.

3 »

Alle Kinder verteilen sich gleichmäßig hinter den Schmalseiten der Bänke.

1. Aufgabe
Turnt mit verschiedenen Körperteilen auf der Bank entlang (Ideen der Kinder aufgreifen).

Beispiele

- Ein Fuß läuft auf der Bank entlang, der andere Fuß läuft am Boden nebenher. Abb. 4.

4 »

- Der Bauch rutscht quer liegend auf der Bank entlang.

- In der Bauchlage/der Rückenlage mit den Händen vorwärts ziehen.

- Mit allen Fingern über die Bank laufen, dabei nebenher gehen.

- Auf Händen und Knien/Füßen über die Bank laufen.

- Mit dem Po seitwärts über die Bank hoppeln.

5 »

6 »

- Po und Füße rutschen im Sitz über die Bank.

- Die Füße/Fußspitzen gehen vor- oder rükkwärts über die Bank.

- Rechte Hand und rechter Fuß gehen über die Bank, linke Hand und linker Fuß gehen am Boden nebenher. Abb. 4. (siehe Seite 113)

- Beide Füße laufen seitwärts über die Bank, beide Hände laufen am Boden nebenher.

2. Aufgabe

Stellt euch vor die Längsseite der Bank und denkt euch Möglichkeiten aus, über die Bank auf die andere Seite zu kommen.

Beispiele

- Aufsteigen und absteigen/abhüpfen.

- Vorwärts aufsteigen und rückwärts abhüpfen.

- Mit Anlauf die Bank überhüpfen. Abb. 5.

- Mit den Händen die Bank an den Kanten gefasst aufsteigen und absteigen.

3. Aufgabe

Könnt ihr mit geschlossenen Augen über die Bank balancieren? Eure Füße/Hände ersetzen euch die Augen und tasten sich vorsichtig vorwärts. Abb. 6. Den Kindern überlassen, in welchen Ausgangsstellungen sie diese Aufgabe lösen wollen.

4. Aufgabe

Könnt ihr euch – Kleingeräte balancierend – in verschiedenen Ausgangsstellungen über die Bank bewegen?

Beispiele

- Im Stand über die Bank gehen, dabei ein Säckchen/einen Tennisring auf dem Kopf balancieren. Abb. 7.

- Wie vor, aber einen Ball auf der flachen Hand balancieren. Abb. 7.

- In der Bauchlage vorwärts ziehen und ein Tuch auf dem Rücken balancieren.

- In der Rückenlage vorwärts ziehen und ein Säckchen auf dem Bauch balancieren.

- Im Sitz vorwärts rutschen und auf dem Joghurtbecher den Ball balancieren.

Materialien auf die Seite räumen.

Schlussteil

Chinesentanz

Lied: Acht Chinesenkinder.

Alle Kinder bekommen eine Nummer von eins bis acht und kauern nebeneinander versteckt hinter einer oder mehreren Langbänken. Abb. 8.

Refrain 1 (Noten siehe nächste Seite)

Eins und zwei und drei und vier und fünf und sechs und sieben und acht kleine Chinesenkinder sind am Morgen aufgewacht.

Das Kind mit der jeweils gesungenen Zahl geht in den Fersensitz. Hände auf dem Kopf zum Chinesenhut formen und verbeugen. Abb. 8. *Stand, der Bank zugewandt.*

7 »

8 »

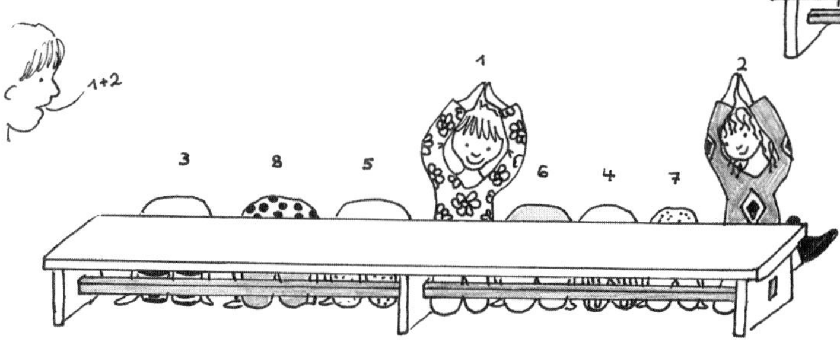

9 »

Acht Chinesenkinder

Vers 1
Wiegen sich ganz still und leis, drehen einmal sich im Kreis. Heute wird es schön!
Rumpfseitbeugen mit „Hut". Abb. 9, Seite 115. *Einmal am Ort drehen mit „Hut". Beide Arme hoch mit gespreizten Fingern.*

Refrain 2
Eins und zwei und drei und vier und fünf und sechs und sieben und acht kleine Chinesenkinder schwingen ihre Arme sacht.
Gemeinsam auf die Bank steigen und die Arme locker gegengleich schwingen. Abb. 10.

Vers 2
Laufen sich dann langsam warm, schaukeln locker ihren Arm. Nun kann's weitergeh'n.
Vierteldrehung, Hände auf die Schultern des Vorderkindes, am Ort gehen, den – dem Publikum zugewandten – Arm schwingen. Abb. 11.

10 »

11 »

Refrain 3

Eins und zwei und drei und vier und fünf und sechs und sieben und acht kleine Chinesenkinder haben einmal Hopps gemacht.

Das Kind mit der jeweils gesungenen Zahl springt von der Bank (zum Stand mit Rücken zur Bank). Mit „Hut" verneigen. Sitz auf der Bank.

Vers 3

Zappeln mit den Beinen sehr,
auch der Po geht hin und her.
Bleibt nur ja nicht steh'n!

Mit beiden Beinen zappeln. Abb. 12. *Eine halbe Drehung, Hände auf die Bank stützen, mit dem Po wackeln und auf „steh'n" wieder setzen.*

Refrain 4

Eins und zwei und drei und vier und fünf und sechs und sieben und acht kleine Chinesenkinder hab'n ein Ruderboot erdacht:

Gemeinsam setzen sich alle im Grätschsitz hintereinander auf die Bank, Hände auf die Schultern des Vorderkindes und drehen die Köpfe hin und her.

Vers 4

Beugen vor sich und zurück, rudern weiter noch ein Stück, könn'n das Ziel schon seh'n!

Zweimal gemeinsam vorbeugen, dann zurückbeugen. **Abb. 13.** *Hand über die Augen halten und ausschauen.*

Refrain 5

Eins und zwei und drei und vier und fünf und sechs und sieben und acht kleine Chinesenkinder sind schnell weg, denn es wird Nacht (haben sich kaputt gelacht!)

Das Kind mit der jeweils gesungenen Zahl verschwindet wieder in die Ausgangsposition, bis zuletzt kein Kind mehr zu sehen ist.

12 »

13 »

Drauf und drunter

Benötigte Materialien. Für je sechs Kinder eine Matte, ein Betttuch und viele Gymnastikbälle.

Einleitung

Die Matten liegen gleichmäßig verteilt. Zu Paaren zur Musik in Kurven um die Matten vor-, rück- oder seitwärts gehen, laufen oder hüpfen. Mit Musikende sich auf je einer Matte übereinander legen. *Denkt euch bei Musikende immer wieder andere Positionen aus, in denen ihr einmal „drunter" und einmal „drauf" seid.*

Beispiele

- A-Kind Bankstellung, B-Kind Sitz oben drauf. Abb. 1, Figur oben.

- A-Kind Rückenlage, B-Kind Bauchlage oben drauf. Abb. 1, Figur links.

- A-Kind Bauchlage, B-Kind Winkelliegestütz oben drüber.

- A-Kind Seitenlage, B-Kind Bauchlage quer oben drüber.

Luftmatratzenspiel

A-Kind liegt entspannt am Boden, wird von B-Kind pantomimisch aufgeblasen und spannt sich dabei immer mehr. Zuletzt legt sich B-Kind auf seine Luftmatratze. *Wechseln.*

Hauptteil

Bewegt euch einzeln zur Musik und sucht mit Musikende irgendeine Matte und löst die aufgerufenen Aufgaben: „Auf die Matte!" oder „Unter die Matte!" Abb. 2. und zuletzt „Sechs auf eine Matte!"

1 »

2 »

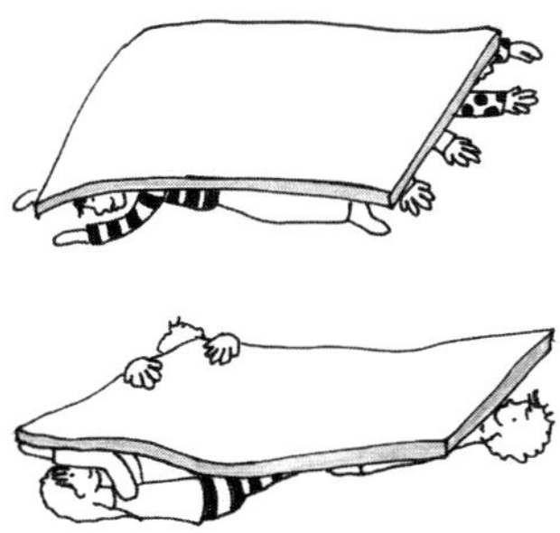

1. Aufgabe

Transportiert die Matte und denkt euch auf ein Signal immer neue Möglichkeiten aus.

Beispiele

- Matte an den Rändern/Griffen fassen und im Kreis bewegen.

- Matte auf Händen oder Köpfen balancieren und vorwärts gehen. Abb. 3.

- Matte in der Bankstellung oder Bauchlage auf dem Rücken tragen und vorwärts krabbeln bzw. rutschen.

3 »

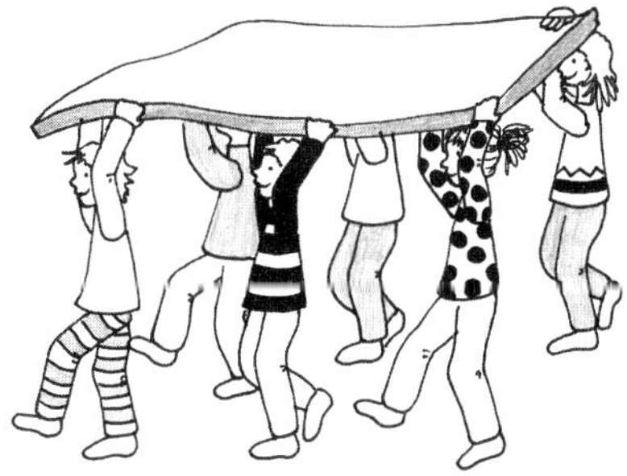

2. Aufgabe: „Das unheimliche Bett"

Legt so viele Bälle wie möglich unter eure Matte. Fünf Kinder sitzen außen herum und bewegen „das Bett" auf den Bällen, während ein Kind darauf sitzt, kniet oder liegt und versucht, nicht runterzufallen. Abb. 4.

Nicht auf die Matte stellen!!!
Bälle wieder an die Seite räumen.

4 »

Jede Gruppe erhält zur Matte noch ein Betttuch.

3. Aufgabe: Tastspiel

Zwei Kinder sind in wechselnden Positionen unter dem Tuch auf der Matte versteckt und die übrigen Kinder ertasten die aufgerufenen Körperteile: Kopf, Arm, Bauch, Rücken, Bein, Fuß, Nase usw. Abb. 5.

Wechseln.

5 »

6 »

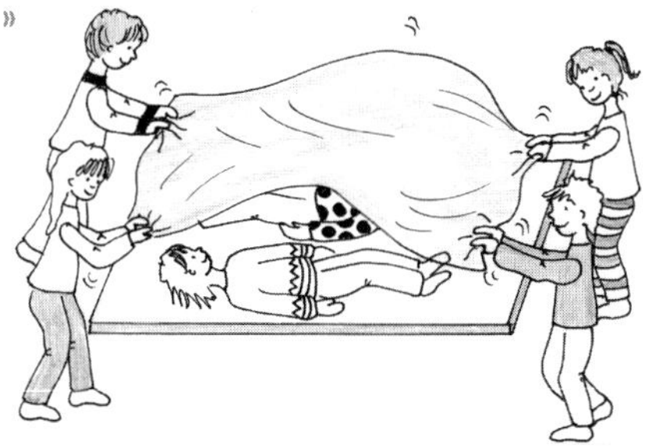

4. Aufgabe: „Wind"

Zwei Kinder liegen auf der Matte und die übrigen Kinder haben das Tuch an den Ecken gefasst, halten es über die liegenden Kinder und machen „Wind" (Tuch schütteln und schwingen). Abb. 6.
Wechseln. Matte wegräumen.

5. Aufgabe: „Unter dem Baldachin"

Vier Kinder tragen das straff gespannte Tuch, an den Ecken gefasst, herum und halten es je nach Zuruf mal hoch oder tief. Die zwei Partnerkinder müssen immer unter dem „Baldachin" bleiben und sich flexibel dem Tempo oder den Kurven anpassen. Bei „Hochhalte" gehen sie aufrecht, bei „Tiefhalte" krabbeln sie darunter. Abb. 7.
Wechseln.

7 »

6. Aufgabe

Zwei Kinder lassen sich auf dem Tuch von den Partnerkindern ziehen. Abb. 8.
Wechseln.

7. Aufgabe

Zwei Kinder reißen aus und werden von den Partnerkindern mit dem Tuch eingefangen. Abb. 9. *Wechseln.*

8 »

9 »

8. Aufgabe

Alle sitzen im Strecksitz um das Tuch und haben dieses an den Ecken und Rändern beidhändig gefasst. Die Füße liegen unter dem Tuch. Das Tuch gemeinsam heben und senken, dazu rhythmisch folgenden Reim sprechen:

Die Füße haben ein Versteck,
Tuch hoch-tief-hoch-tief
mal sind sie da, mal sind sie weg.
(dasselbe)
Das Tuch deckt ab,
Tuch hoch-tief
das Tuch deckt auf,
(dasselbe)
das Tuch, es fliegt
(dasselbe)
zum Himmel rauf!
Tuch hoch, Handfassung lösen und Tuch fliegen lassen. Abb. 10.

Jede Gruppe holt sich zum Tuch einen Ball.

9. Aufgabe

Ball auf dem Tuch balancieren und herumrollen lassen, ohne dass er vom Tuch fällt. Könnt ihr den Ball auch mit dem Tuch hochwerfen und wieder fangen? Abb. 11.
Tücher und Bälle wegräumen.

Schlussteil

„Überraschungsspiel"

Zwei Kinder spielen zusammen. Ein Kind nimmt eine originelle Position ein und erstarrt in dieser Haltung. An diese Figur baut sich das Partnerkind an und erstarrt ebenfalls. Nun löst sich das erste Kind aus seiner Haltung und baut sich erneut in phantasievoller Weise an usw. Abb. 12.

10 »

11 »

12 »

Überraschungs-eier

Benötigte Materialien. Mindestens so viele Reifen und große Tücher wie Anzahl der Kinder, zwei ausgeschnittene Fußsohlen aus Pappe, zwei Chiffontücher, Ball, Igelball, Seil, Säckchen, Tennisring, Luftballon, Kopfkissenbezug, Hut, Fliese, Haushaltsrolle, Zeitung, Schachtel mit Tischtennisball, Joghurtbecher, Kastanie, Murmel oder runder Stein, viele Bierdeckel (Luftballons und Zeitungen in Reserve halten).

Einleitung

Mindestens so viele Reifen wie Anzahl der Kinder liegen gleichmäßig verteilt im Raum, bei diesem Beispiel 16 Reifen (Überraschungseier). In den Reifen liegen, unter einem Tuch versteckt, verschiedene Geräte.
Zur Musik um alle Reifen vor-, rück- oder seitwärts gehen, laufen, hüpfen oder krabbeln. Mit Musikende unter ein Tuch „spitzen", aber so, dass die anderen Kinder nichts sehen. Abb. 1.
Mehrmals spielen.

Hauptteil

Immer wieder zur Musik um alle Reifen (Überraschungseier) bewegen und sich mit Musikende für jeweils einen entscheiden. Das „Häufchen" aufdecken und mit der vorgefundenen „Überraschung" Übungen ausdenken. Danach wieder alles verstecken.
Jedes Kind sollte einmal an allen Stationen (Überraschungseiern) gespielt haben.

1 »

Station 1: Fußsohlen aus Pappe

Beispiele

- Mit Händen oder Füßen in verschiedenen Ausgangsstellungen auf den Sohlen rutschen. Beim Krabbeln die Sohlen mit den Händen vorwärts, im Sitz die Sohlen mit den Füßen vorwärts und im Stand die Sohlen mit den Füßen vorwärts rutschen.

- Die Sohlen auf verschiedenen Körperteilen balancieren, z. B. im Stand auf beiden Händen, auf dem Kopf und auf einer Hand, im Sitz auf Kopf und Knie. Abb. 2.

- Über die Sohlen springen: Schlusssprung ohne und mit halber Drehung, Pferdchensprung, Zickzacksprünge.

2 »

Station 2: Chiffontücher

Beispiele

- Chiffontuch hochwerfen und mit verschiedenen Körperteilen fangen, z. B. mit dem Kopf, Arm, Rücken, Bauch oder Fuß.

- Mit zwei Chiffontüchern jonglieren, schwingen, experimentieren. Abb. 3.

- Durch die Chiffontücher hindurch die Welt in verschiedenen Farben betrachten.

3 »

Station 3: Ball

Beispiele

- Ball wegwerfen und hinterhersausen.

- Ball hochwerfen und zu fangen versuchen.

- Ball hochwerfen und vor dem Fangen in die Hände klatschen.

- Ball prellen mit einer Hand oder beiden Händen.

- Ball mit verschiedenen Körperteilen rollen.

- Ball auf dem Körper rollen.

- Ball um den Körper rollen. Abb. 4.

4 »

5 »

Station 4: Igelball

Beispiele

- Den Igelball auf verschiedenen Körperregionen kreisen oder rollen. Unterschiedlichen Druck ausüben. Abb. 5.

- Nackte Fußsohle auf den Igelball stellen und ihn hin und her rollen. Abb. 5.

Station 5: Seil

Beispiele

- Seil mit Händen oder Zehen gefasst hinterherschlängeln.

- Auf dem Seil balancieren, vor-, rück- oder seitwärts.

- Mit dem Seil Figuren legen, z. B. Kreis, Schlange, Schnecke. Abb. 6.

- Seilhüpfen ausführen.

6 »

Station 6: Säckchen

Beispiele

- Säckchen mit den Zehen aufheben und wegwerfen.

- Säckchen mit den Zehen aufheben und in eine Hand übergeben.

- Säckchen zwischen zwei Körperteile klemmen und sich so fortbewegen. Abb. 7.

- Säckchen auf verschiedenen Körperteilen balancieren, z. B. auf dem Kopf, Rücken oder Fuß, auf der Hand, Schulter oder Brust.

7 »

Station 7: Tennisring

Beispiele

- Im Stand oder Sitz mit dem Tennisring Auto fahren, vor- und rückwärts, ein- und ausparken, wenden. Abb. 8.

- Tennisring kreiseln lassen.

- Tennisring rollen und hinterherflitzen.

- Tennisring hochwerfen und zu fangen versuchen.

8 »

Station 8: Luftballon

Beispiele

- Luftballon ununterbrochen mit verschiedenen Körperteilen hochstupsen, z. B. mit Kopf, Finger, Ellenbogen, Knie oder Fuß. Abb. 9.

- Geräusche am Luftballon erzeugen durch Zupfen, Tupfen, Kratzen oder Schlagen.

- Luftballon auf verschiedenen Körperteilen balancieren.

9 »

Station 9: Kopfkissenbezug

Beispiele

- Bezug über den Kopf stülpen und im Sitz oder im Stand fortbewegen – huhuhu.

- Mit den Beinen in den Bezug schlüpfen und Sackhüpfen ausführen. Abb. 10.

- Bezug mit den Füßen so klein wie möglich falten oder knubbeln.

- Bezug ausschütteln.

- Mit dem Bezug Wind machen, z. B. über, vor oder neben dem Körper kreisen.

- Mit dem offenen Bezug Wind fangen. Abb. 10.

10 »

Station 10: Hut

Beispiele

- Hut auf verschiedenen Körperteilen in verschiedenen Ausgangsstellungen balancieren, z. B. im Stand, Sitz oder in Bankstellung fortbewegen und den Hut auf dem Kopf tragen, in der Bauchlage oder der Bankstellung den Hut auf dem Rücken balancieren.

- Hut auf der Hand kreiseln lassen.

- Hut hochwerfen und fangen.

- Den liegenden Hut überspringen.

- Hut vor das Gesicht halten oder ins Gesicht ziehen und „blind" vorwärts gehen. Abb. 11.

Station 11: Fliese

Beispiele

- Einen Fuß auf der Fliese „Roller fahren" lassen. Abb. 12.

- Fliese mit den Händen vorwärts schieben.

- Fliese beim Hoch- oder Wegwerfen in eine drehende Bewegung versetzen.

- Die liegende Fliese überspringen. Abb. 12.

Station 12: Haushaltsrolle

Beispiele

- Rolle senkrecht oder waagerecht auf verschiedenen Körperteilen balancieren.

- Rolle mit verschiedenen Körperteilen rollen.

- Rolle auf den Beinen rollen lassen. Abb. 13.

- Rolle als Fernrohr benutzen. Abb. 13.

11 »

12 »

13 »

Station 13: Zeitung

Beispiele

• Nachrichten lesen und in der Zeitung blättern.

• Zeitung flattern lassen. Abb. 14.

• Zeitung beim Rennen am Bauch „kleben" lassen. Abb. 14.

• Zeitung rascheln, knüllen, zerreißen.

Station 14: Schachteln mit Tischtennisball

Beispiele

• Ball in der Schachtel tragen (Hoch-, Vor- oder Tiefhalte).

• Ball in der Schachtel hin und her rollen.

• Ball mit der Schachtel hochwerfen und fangen. Abb. 15.

• Ball unter der umgedrehten Schachtel verstecken und schieben. Abb. 15.

• Ball wegrollen und mit der Schachtel fangen. Abb. 15.

Station 15: Joghurtbecher mit Kastanie, Murmel oder Stein

Beispiele

• Kastanie in Joghurtbecher tragen, hochwerfen und zu fangen versuchen.

• Kastanie auf dem Joghurtbecherboden balancieren. Abb. 16.

• Kastanie im zugehaltenen Joghurtbecher schütteln.

• Kastanie unter dem umgedrehten Joghurtbecher schieben.

• Mit Kastanie den Joghurtbecher treffen und Abstand vergrößern.

15 »

14 »

16 »

Station 16: Viele Bierdeckel

Beispiele

- Sich mit drei Bierdeckeln fortbewegen, ohne den Boden zu berühren. Abb. 17.

- Zwei Bierdeckel mit den Händen um den Reifen schieben.

- Einen hohen Turm bauen. Abb. 17.

- So viele Bierdeckel wie möglich auf dem Arm balancieren.

- Im Reifen ein schönes Bierdeckelmuster legen.

- Zwei Bierdeckel mit den Füßen fortschieben.

- Runde Bierdeckel können gerollt oder gezwirbelt werden.

Alle Geräte wegräumen.

Schlussteil

Spiel „Überraschungseier"

Vier bis fünf Kinder laufen, zur Schlange durchgefasst, in Kurven um die anderen herum. Abb. 18 a. Auf ein Signal (Tamburin, Rassel, Musikstopp oder Ähnliches) schnell zum Kreis (Überraschungsei) durchfassen, wobei eines der Kinder in die Kreismitte geht und als Überraschung eine Figur darstellt (Zwerg, Elefant, Statue, Fratzenschneider usw.). Abb. 18 b.

So lange spielen, bis jedes Kind einmal die „Überraschung" war.

17 »

18a »

18b »

Eins und eins ist zwei

Einleitung

Schnell allein kreuz und quer laufen, die anderen Kinder umlaufen und auf Zuruf „Zwei" zu Paaren finden und die gestellte Aufgabe lösen. *Die Aufgaben werden vor den jeweiligen Alleinläufern bekannt gegeben.*

Aufgaben

Bauchlage übereinander, Rückenlage nebeneinander, Schneidersitz hintereinander, Stand zueinander. Abb. 1.

Mehrmals spielen.

Hinweis

Es ist schwierig, sich auf den Lauf zu konzentrieren, Wege zu suchen, den anderen Kindern auszuweichen, ein Partnerkind zu finden und dabei die gewünschte Ausgangsstellung und Partnerformation nicht zu vergessen! Nach dem letzten Durchgang bleiben die Paare beieinander.

Hauptteil

Reaktionsspiel „Zeichensprache"

Handzeichen für die zuvor geübten Ausgangsstellungen vereinbaren, z. B. Zeigefinger zeigt nach oben = Stand, Faust = Schneidersitz, Handfläche zeigt nach unten = Bauchlage, Handfläche zeigt nach oben = Rückenlage. A-Kind gibt die Zeichen und B-Kind führt so schnell wie möglich die gewünschte Ausgangsstellung aus. Abb. 2.

Wechseln.

2 »

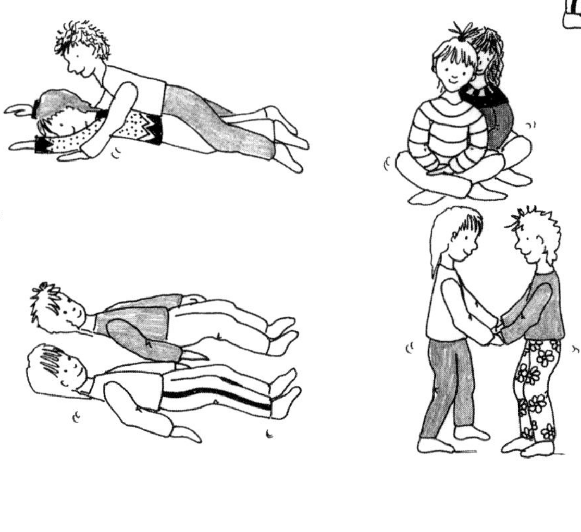

1 »

Streichelspiel

A-Kind liegt mit geschlossenen Augen entspannt in Bauch- oder Rückenlage, B-Kind streichelt ganz zart einen bestimmten Körperteil, bis A-Kind einen neuen benennt, z. B. Hand, Bauch, Bein, Fuß, Arm, Kopf (größere Kinder können detaillierter werden: Wade, Knie, Stirn ...).

Wechseln nicht vergessen.

Aufgeblasener Angeber

A-Kind steht ganz schlapp mit hängenden Armen und Kopf. Unter vernehmlichem Einatmen immer mehr aufplustern. Zuletzt „pikst" B-Kind mit dem Finger den „aufgeblasenen Angeber" an und die ganze Luft entweicht, bis er wieder schlapp in der Ausgangsposition steht. Abb. 3.

Wechseln.

Zwei Kinder auf zwei Beinen

Die Kinder denken sich gemeinsam Positionen aus, in denen beide nur noch auf zwei Beinen gehen. Den Kindern Zeit zum Probieren lassen, dann führen die Paare ihre Ideen vor und werden von den anderen nachgeahmt.

Beispiele:

- Stand nebeneinander mit Handfassung, die äußeren Beine hochhalten. Abb. 4.

- Stand gegenüber, einen Fuß des Gegenübers rechts/links fassen, sich evtl. die Hand geben. Abb. 4.

- A-Kind nimmt B-Kind huckepack. Abb. 4.

- A-Kind steht mit beiden Füßen auf den Füßen von B-Kind. Abb. 4.

3»

4»

Stupslauf
Die Paare stehen hintereinander und das hintere Kind legt die Hände auf die Schultern des vorderen Kindes. Ein bis zwei Kinder bleiben allein. Alle Kinder laufen durch den Raum und die Solisten versuchen, sich als drittes Kind einem Paar anzuhängen. Sobald dies gelingt, stupst das nun mittlere Kind sein Vorderkind weg (evtl. dabei „Stups" rufen), das nun die Solistenrolle übernimmt. Es dürfen also nie drei Kinder zusammenbleiben. Sobald sich eine Dreiergruppe ergibt, muss das vordere Kind seinen Platz räumen. Dieser Zeitpunkt wird durch das mittlere Kind mit dem „Stups" signalisiert. Abb. 5.
Das Spiel eine Weile laufen lassen.

Blindenführung
Die Paare stehen sich gegenüber. Nur die Fingerspitzen berühren sich. A-Kind hat die Augen geschlossen und lässt sich vom rückwärts gehenden B-Kind durch den Raum führen.
Wechseln.

Raummessung
Wie oft können die Kinder sich im Wechsel lang gestreckt hintereinander legen, bis sie, an einem Ende beginnend, das andere Ende des Raumes erreichen? Abb. 6.

Kreiselspiel
Das Kreisel-Kind wird vom Spiel-Kind auf dem Rücken aufgezogen und beginnt sich dann zu drehen. Das Spiel-Kind bestimmt die Zeit der Drehung und hält den Kreisel durch den „Stopp"-Ruf an.
Wechseln.

Es gibt viele verschiedene Möglichkeiten, sich zu drehen.

Beispiele
Drehen im Stand, Sitz, Kniestand, in der Bankstellung, in Bauch- oder Rückenlage.

5 »

6 »

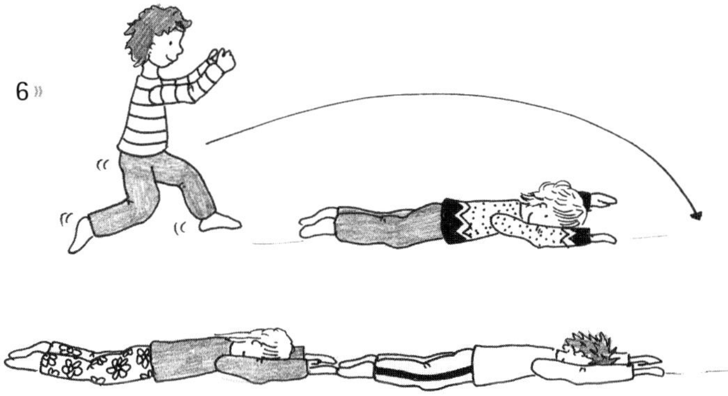

Zu Paaren ein Kreisel sein

Beispiele

- Rechts- oder linkshändig gefasst umeinander herumlaufen.

- Beidhändig, auch über Kreuz, gefasst schnell drehen. Abb. 7.

- Rechten oder linken Arm unterhaken und im Kreis hüpfen.

Allein und zu zweien

Mit Musik untergehakt zu Paaren „spazieren gehen". Mit Musikende allein weitergehen und das Partner-Kind immer im Auge behalten. Mit Musikbeginn den gemeinsamen „Spaziergang" fortsetzen.
Mehrmals spielen.

Figurenspringen

Jedes Paar bekommt ein Stück Kreide und beide ummalen die jeweils liegende Partner-Figur.

A-Kind steht vor seiner eigenen Figurenform und springt in die von B-Kind aufgerufenen Körperteile (Kopf, Arm, Bauch, Fuß usw.).
Wechseln.

Mit Musik einzeln um alle Figuren laufen oder sie überhüpfen, mit Musikende vorsichtig in eine fremde Figur legen.
Mehrmals spielen und zuletzt wieder die eigene Figur finden.

7 »

Schlussteil

Kunstwerk bauen

Alle Paare stehen auf einer großen Kreislinie mit viel Abstand zur Mitte. In der Mitte liegen ein großer Berg Kleinmaterialien, Bausteine usw.

Auf Kommando laufen die Paare immer im Wechsel zur Mitte und sammeln für sich Baumaterial. Es darf aber immer nur ein Teil transportiert werden und eine „Paarhälfte" unterwegs sein!

Wenn die Mitte leer geräumt ist, beginnt der kreative Teil und die Paare bauen gemeinsam ein Kunstwerk aus dem gesammelten Material. Abb. 8.

Zuletzt gemeinsam herumgehen und die Werke betrachten.

Hinweis

Es wäre schön, wenn die wunderbaren Ideen eine Weile stehen bleiben könnten, bewundert von den Eltern oder anderen Kindern. Ist dies nicht möglich, muss leider aufgeräumt werden.

8 »

Murmeltier kann tanzen

Benötigte Materialien. Je nach Anzahl der Kinder Spannbetttücher (bis zu sechs Kinder passen unter ein Tuch), für jedes Kind ein Seil und für den Zirkusdirektor evtl. einen Zylinder. Für den „Zirkus" viele Matten.

Einleitung

Die Hälfte der Kinder sind als „Murmeltiere" in den Höhlen (unter den Spannbetttüchern) versteckt, die andere Hälfte wartet als Sonnenstrahlen am Hallenrand auf ihren Einsatz.

Geschichte

Die Murmeltiere haben den ganzen Winter in ihrer Höhle verschlafen. Langsam wird es wärmer, sie schlafen immer noch – wie Murmeltiere eben schlafen. Nichts rührt sich in der Höhle (unter den Spannbetttüchern). Sie träumen vom Frühling.

Die Kinder liegen still und rühren sich nicht.

Als es Frühling wird, wärmt die Sonne die Erde, und einige Sonnenstrahlen dringen bis in die Höhle und kitzeln die Murmeltiere wach.

Die Sonnenkinder kitzeln die Murmeltierkinder durch das Spannbettuch hindurch. Abb. 1.

1 »

Da kommt Bewegung in die Höhlen, und ein Murmeltier nach dem anderen kommt heraus.
Spielen wie beschrieben.

Die Murmeltiere dehnen, strecken und putzen sich.

Sie schneuzeln – so heißt es, wenn sie ihre Nasen aneinanderreiben. Abb. 2.

Sie haben Hunger und suchen sich Gras, Kräuter und Wurzeln. Sie sind übermütig und machen Kunststücke. Dann ruhen sie sich aus.
Alles spielen wie beschrieben.

Rollenwechsel. Einleitung noch einmal spielen. Die Murmeltierkinder sind nun die Sonnenstrahlen und umgekehrt.

Hauptteil

Alle Kinder liegen als Murmeltiere am Boden. Die Leiterin setzt den Zylinder auf.

Geschichte
Der Zirkusdirektor „Zirrikussi" war auf der Suche nach neuen Tieren für seine Zirkusvorstellung, und gerade als die Murmeltiere ihre Kunststücke machten, kam er dorthin und schaute ihnen heimlich zu. Er ist begeistert und lädt die Murmeltiere in seinen Zirkus ein:
„Wollt ihr mitkommen???"
„Jaaa!"

Alle fassen zur langen Schlange durch, und es geht zum Zirkus.
In Schlangenlinien durch die Halle ziehen, zur Schnecke ein- und wieder ausrollen.

Endlich kommen sie im Zirkus an. Dort beginnt gleich die Kunststück-Vorführung. Jedes Murmeltier macht eine Übung vor und alle ahmen sie nach.
Matten in Kreisform (Manege) legen, damit sich die Kinder bei den Übungen nicht weh tun.

Beispiele
- Auf drei Beinen laufen, Purzelbäume schlagen, auf einem Bein hüpfen, liegend seitwärts wälzen, in der Rückenlage mit den Beinen und Armen zappeln, Kopfstand, Bauch-, Rücken- oder Sitzkarussell fahren, Radschlagen. Abb. 3.

2 »

3 »

Der Zirkusdirektor „Zirrikussi" verrät den Murmeltieren einen Trick, wie man trotz vieler Drehungen keinen Drehwurm bekommt. Erst im Stand mit ausgebreiteten Armen ganz schnell drehen, dann stoppen und schnell die Handflächen aneinander legen und intensiv auf die Daumen starren. Alle probieren es. Bei wem hat´s geklappt? Abb. 4.

4 »

Der Direktor teilt Seile an die Murmeltiere aus. Ob ihnen nun auch noch Kunststücke einfallen? Alle Murmeltiere experimentieren mit den Seilen. Jedes Murmeltier macht eine Übung vor, und alle ahmen sie nach.

Beispiele

• Seil hinterherschlängeln beim Gehen, Laufen, Hüpfen; auf dem liegenden Seil balancieren, Seilhüpfen, Seil geknüllt hochwerfen und fangen, aus dem Seil eine Figur formen und mit zusammengebundenen Beinen hüpfen. Abb. 5.

Der Zirkusdirektor „Zirrikussi" sammelt alle Seile wieder ein. Was jetzt wohl noch kommt?

5 »

Schlussteil

Murmeltiertanz

Die Zirkusmusikkapelle stimmt den Murmeltiertanz an, und alle tanzen.
Passende Musik auflegen und die Kinder dazu frei gestalten lassen oder das Murmeltierlied singen und tanzen.

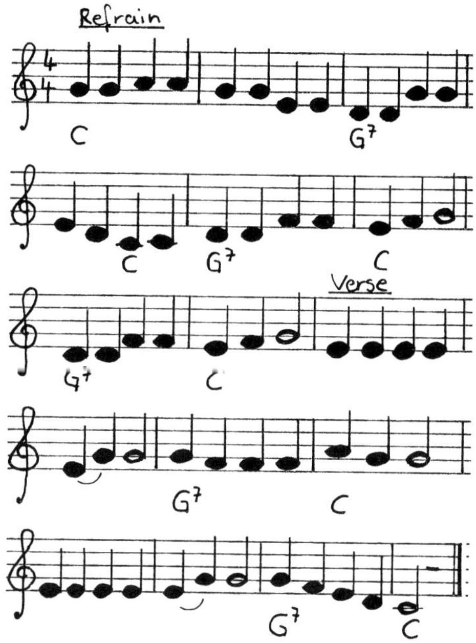

Refrain

Murmeltierchen ging spazieren,
wollt was Neues ausprobieren,
Kam in einem Zirkus rein,
eieiei – was wird dort sein?

Vers 1

Murmeltier kann turnen,
turnen kann das Murmeltier,
Murmeltier kann turnen,
eins, zwei, drei und vier!
(Refrain)

Vers 2

Murmeltier kann tanzen,
tanzen kann das Murmeltier,
Murmeltier kann tanzen,
eins, zwei, drei und vier!
(Refrain)

6 »

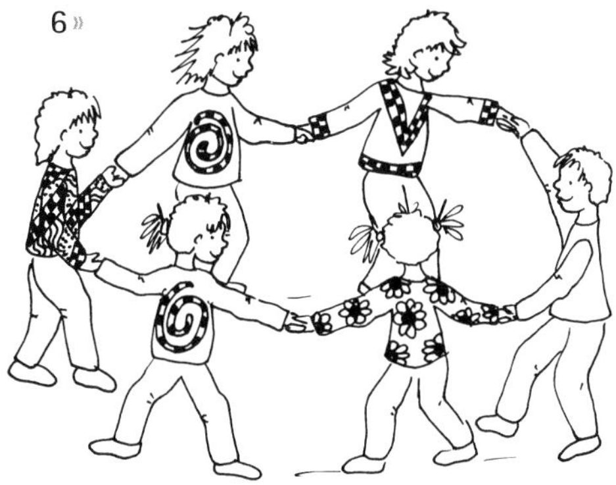

Spielvorschlag

Zum Kreis durchfassen. Beim Refrain im Kreis gehen. Abb. 6. Vorwärts in den Kreis hinein- und rückwärts hinausgehen. Bei der ersten Strophe Hampelmann und in der letzten Zeile schnell am Platz im Kreis drehen. Abb. 7. Bei der zweiten Strophe beim „Tanz" im Wechsel gleichzeitig erst linkes Bein mit linkem Arm heben und senken, dann gegengleich üben, in der letzten Zeile schnell am Platz im Kreis drehen. Abb. 8.

7 »

8 »

Spiele mit Kastanien

Benötigte Materialien. In der Mitte der Halle steht eine große Wanne voller Kastanien.

1 »

Kurzes Vorgespräch

Es ist Herbst und bald kommt der Winter. Die Tiere bereiten sich auf die kalte Jahreszeit vor. Manche fliegen in wärmere Länder, manche fressen sich einen dicken Winterspeck an und manche legen sich Vorratslager an, noch andere halten einen Winterschlaf.

Einleitung

Sicher fallen euch viele Tiere ein, die ihr spielen möchtet.
Immer zur Musik fliegen, laufen oder kriechen die Tiere, mit Musikende gehen sie ihrer „Herbsttätigkeit" nach.

2 »

• Die Schwalben fliegen zur Musik herum, mit Musikende sammeln sie sich auf Telefonleitungen.
In langer Reihe nebeneinander hocken.
Abb. 1. *Mehrmals spielen.*

• Die Meisen fliegen zur Musik herum, mit Musikende suchen sie Futter, z. B. am „Meisenball".
An Sprossenwänden hängend „picken".
Abb. 2.

- Die Mäuse laufen zur Musik herum, mit Musikende sammeln sie Futter in ihre Vorratskammer.
Futter pantomimisch in Hallenecken, unter Langbänke transportieren.

- Die Igel rollen sich mit Musikende zum Winterschlaf zusammen.

- Die Frösche verschwinden zum Winterschlaf unter der Wasseroberfläche.
Schwungtuch oder Bettlaken bereitlegen.

- Zuletzt die Rede auf Wildschweine lenken: „Es gibt noch ein Tier im Wald, es hat vier Beine, Borsten, einen Rüssel – ja, es ist das Wildschwein!" Die Wildschweine schlafen gerade.
Alle Kinder liegen schlafend am Boden, sie träumen von Kastanien. Im Schlaf grunzen und schmatzen sie: „Hm, Kastanien."

Was hören und riechen sie denn da?
Die Wanne voll Kastanien ausschütten.

Die Wildschweine (Kinder) wachen auf. Ganz viele Kastanien sind vom Baum gefallen! Die Wildschweine (Kinder) stürzen sich begeistert darauf, wälzen sich darin und „fressen", bis sie müde sind.
Spielen wie beschrieben. Abb. 3.

Hauptteil

Auch die Kinder freuen sich über die vielen Kastanien. Sie sammeln alle Kastanien in eine große Wanne ein. Anschließend sucht sich jedes Kind eine schöne Kastanie aus. Jedes Kind erhält für seine Kastanie einen Joghurtbecher. Die Becher gleichmäßig im Raum verteilt aufstellen.

- Die Kastanie mit verschiedenen Körperteilen um alle Becher herumrollen. Auf ein Signal den Körperteil wechseln. Die Kinder werden die Kastanie mit der Hand, dem Fuß, mit Kopf, Ellenbogen, Unterarm oder Knie rollen. Abb. 4.

- Geräusche mit der Kastanie machen.

Beispiele
Kastanie im Becher schütteln, mit der Kastanie auf den Becher klopfen, an ihm reiben, Kastanie unter den umgestülpten Becher legen und auf dem Boden hin- und herschieben. Abb. 5.

3 »

4 »

5 »

• Mit einer Hand Kastanie hochwerfen, mit der anderen Hand im Becher fangen.

• Kastanie im Becher hochwerfen und mit ihm fangen.

• Wie vor, aber Kastanie erst kurz vor dem Boden fangen.

• Kastanie im Sitz unter einem gehobenen Bein hindurch hochwerfen und mit der anderen Hand im Becher fangen. Abb. 6.
Alle Übungen auch gegengleich ausführen.

6 »

7 »

Zielwerfen
Kastanien in die Wanne werfen. Abstand zur Wanne etappenweise vergrößern, abwechselnd mit der rechten und linken Hand werfen.

Gleichgewichtsschulende Übungen mit Kastanie und Joghurtbecher
• Kastanie auf dem Becher (Öffnung nach unten) balancieren. Abb. 7, linke Figur.

• Je ein Teil auf der Handfläche und dem Kopf balancieren. Abb. 7, rechte Figur.

• Je ein Teil auf dem Kopf und dem Rücken balancieren. Abb. 7, mittlere Figur.
Joghurtbecher wegräumen.

„Selbst eine Kastanie sein"
Beobachtet eure Kastanie beim Fallen, Rollen, Kullern und ahmt sie nach.

Beispiele
• Hochspringen und in der Hocke landen.

• Bauchlage und seitwärts „kullern".

• Fortlaufende Rolle vorwärts ausführen. Abb. 8, rechte Figur.

• In der Kniebeuge vorwärts hüpfen. Abb. 8, linke Figur.

• In der Bankstellung zusammengekauert seitwärts wälzen.

8 »

Schlussteil

Spiel „Der Kastaniendieb geht um"
Die Kastanien liegen gleichmäßig im Raum verteilt. Der „Kastaniendieb" (Leiter/in oder Kind) steht am Spielfeldrand. Alle Kinder gehen, laufen oder hüpfen um alle Kastanien herum. Auf ein Signal decken alle so schnell wie möglich „ihre" Kastanie mit einer Hand zu, damit der Dieb sie nicht sehen kann. Der Dieb versucht, sichtbare Kastanien zu bekommen.
Bei der nächsten Runde wird die Kastanie von einem anderen – zuvor vereinbarten – Körperteil versteckt (Bauch, Rücken, Fuß, Po usw.).

Legt eure Kastanien in die Wanne. Wer will denn selbst mal als „Kastanie" in die Wanne steigen, in den Kastanien wühlen, den Boden der Wanne durch die Kastanien hindurch suchen? Abb. 9.

- Wie viele Arme oder Beine passen gleichzeitig hinein?
Wenn alle ganz hinein wollen, muss dies der Reihe nach geschehen.

9 »

Ausflug in die Steinzeit

Benötigte Materialien. Für jedes Kind einen Reifen und einen schönen, dicken, runden Kieselstein von der ungefähren Größe eines Tennisballes.

Einleitung

Ohne Steine

• Zur Musik vor-, rück- oder seitwärts gehen, laufen oder hüpfen. Mit Musikende „versteinern" (in der Bewegung erstarren).

• Am Ort in Zeitlupe zur Musik ununterbrochen bewegen, dabei die verschiedensten Ausgangsstellungen einnehmen. Mit Musikende „versteinern". Abb. 1.

• Mehrere Kreise bilden. In den Kreisen wandert je ein Stein mehrmals herum und wird von Kind zu Kind vorsichtig weitergegeben.

Lied dazu (Melodie „Taler, Taler, du musst wandern ..."): Steine, Steine, ihr müsst wandern, von dem einen Ort zum andern, oh, wie schön, oh, wie schön ist's, wenn Steine wandern geh'n.

Hauptteil

Jedes Kind bekommt einen Reifen, sucht sich einen Platz und setzt sich hinein. Lasst bei geschlossenen Augen etwas in eure Hände legen. Öffnet sie erst, wenn ihr erfühlt habt, was es ist. Abb. 2.

1 »

2 »

• Ja, es ist ein Stein.

• Fühlt euren Stein, ist er groß oder klein?

• Ist er laut oder leis, ist er kalt oder heiß?

• Fühlt euren Stein, ist er grob oder fein?

• Ist er rau oder glatt, ist er glänzend oder matt?

• Kommt er aus dem Bach oder kommt er aus dem Wald?

• Auf jeden Fall ist er urururalt.
Die Kinder kurz berichten lassen.

1. Aufgabe
Rollt den Stein im Reifen.

Beispiele
• Stein innen am Reifenrand entlangrollen.

• Stein hin- und herrollen.

• Könnt ihr den Stein auch außen um den Reifen rollen, ohne dass er euch entgleitet?

2. Aufgabe
Rollt den Stein mit Hilfe des Reifens.

Beispiele
• Mit dem liegenden Reifen den innen liegenden Stein schieben oder ziehen. Abb. 3.

• Wie vor, aber der Stein liegt außen.

• Mit dem Reifen, beidhändig an einem Ende gefasst, vor- oder rückwärts gehen und den Stein mit dem anderen Ende schieben oder ziehen. Abb. 3.

3. Aufgabe
Rollt oder kullert den Stein am Ort um verschiedene Körperteile.

Beispiele
• Stein im Stand um die Füße rollen. Abb. 4.

• Stein im Grätschstand in Achterform um die Füße rollen.

• Stein im Hocksitz in Achterform um Körper und Füße herumführen.

• Stein im Strecksitz um Körper und Beine herumführen.

• Stein im Strecksitz unter den gehobenen Beinen hin- und her- und um den Körper herumrollen. Abb. 4.

• Stein in der Bauchlage vor dem Körper hin- und herrollen.

• Stein in der Bankstellung um je eine Hand rollen. Abb. 4.

3 »

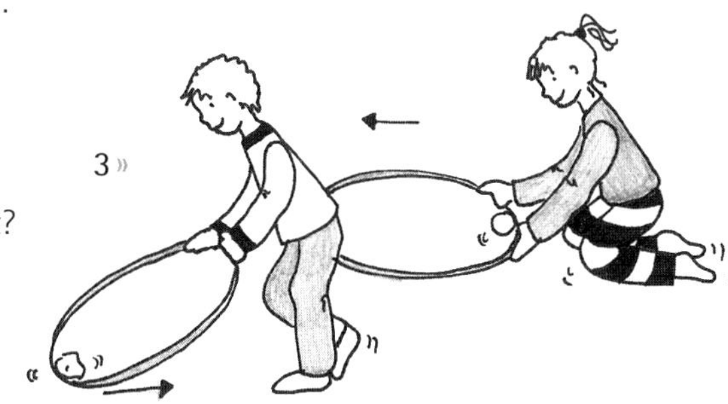

4 »

4. Aufgabe
Lasst den Stein fallen und wegrollen, beobachtet ihn und ahmt ihn nach.
Passt aber auf, dass er euch nicht auf die Füße fällt.

Beispiel
- Kleine Schlusssprünge vorwärts und dann klein am Boden kauern oder am Boden seitwärts rollen.

5. Aufgabe
Rollt den Stein mit verschiedenen Körperteilen um euren Reifen.

Beispiel
- Den Stein mit Kopf, Hand, Ellenbogen, Knie oder Fuß vorwärts rollen. Abb. 5.

6. Aufgabe
Balanciert euren Stein auf verschiedenen Körperteilen in verschiedenen Ausgangsstellungen, bewegt euch dabei vorwärts, fühlt sein Gewicht und achtet darauf, dass er nicht herunterfällt.

Beispiele
- Stein beim Vor-, Rück- oder Seitwärtsgehen auf Kopf, Hand, Schulter, Arm oder Fuß balancieren. Abb. 6.

- In Bauchlage oder Bankstellung Stein auf dem Rücken balancieren. Abb. 6.

- In Rückenlage oder Krebsgang Stein auf dem Bauch balancieren.

5»

6»

7. Aufgabe

Könnt ihr mit dem Stein an eurem Körper „Musik" machen (Geräusche erzeugen)?

Beispiele

- Mit dem Stein leicht an den Kopf, Fingerknöchel, Ellenbogen oder das Knie klopfen. Abb. 7.

- Könnt ihr mit dem Stein auch am Reifen „Musik" machen?

Zu Paaren zusammengehen

A-Kind sitzt mit den zwei Steinen des Paares im Reifen und begleitet das Partnerkind rhythmisch mit seinen Steinen. B-Kind läuft im Pferdchengalopp zum Lied „Hopp, hopp, hopp, Pferdchen lauf Galopp" in Kurven um alle Reifen und versucht, genau mit dem Schluss des Liedes wieder bei seinem Partnerkind anzukommen.

Wechseln. Abb. 8.

Echospiel

A-Kind macht mit seinem Stein ein Geräusch am Reifen und B-Kind spielt das Echo.

Wechseln. Abb. 9.

7 »

8 »

9 »

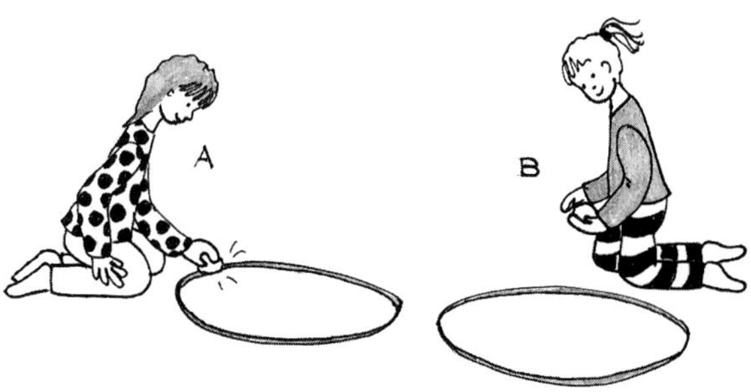

Den Stein fühlen

A-Kind liegt mit geschlossenen Augen entspannt in Bauch- oder Rückenlage. B-Kind legt einen Stein auf irgendeinen Körperteil. A-Kind fühlt den schweren Stein und benennt den betroffenen Körperteil.
Wechseln. Abb. 10.
Reifen und Steine wegräumen.

10 »

Selbst ein „Stein" sein

A-Kind macht sich rund und schwer wie ein Stein. B-Kind probiert, was es mit seinem Stein alles machen kann.

Beispiele

- „Stein" rollen, schieben, heben.
- Auf dem „Stein" balancieren.
- Auf dem „Stein" stehen, sitzen, liegen. Abb. 11.
- Um den „Stein" tanzen. Abb. 11.
- Alle „Steine" auf einen Haufen zusammenrollen.

Wechseln.

11 »

Schlussteil

Traumreise „Ich bin ein Stein"

Die Kinder liegen entspannt mit geschlossenen Augen auf Matten. Der Text wird langsam, ohne besondere Betonung gesprochen, mit Pausen zwischen den Sätzen, damit die Kinder sich gut einfühlen können.

Text

Wir sind auf einer Wiese • Die Sonne scheint • Vögel zwitschern • Grillen zirpen und Bienen summen • Es ist warm und friedlich • Wir kommen an einen plätschernden Bach • Leise und gleichmäßig murmelt er vor sich hin • Im klaren Wasser gibt es viel zu sehen • Die Sonne lässt das Wasser glitzern • Am Grund des Baches liegen runde, glatte Kieselsteine • Viele, viele Steine • Du bist ein Stein, ein Stein im Bach • Neben dir liegen viele andere Steine • Du fühlst das Wasser weich über dich dahingleiten • Du bist ganz ruhig, gelöst und entspannt • Schon lange liegst du mit den anderen Steinen da • Viele hundert Jahre • Das Wasser glitzert blau um dich herum • Die Wellen haben kleine, weiße Kronen • Schön sieht das aus • Sie tanzen auf und ab • Fische schwimmen vorbei • Ein Weidenblatt tanzt auf den Wellen • Du fühlst die Ruhe um dich herum • Du bist ganz ruhig und entspannt.

Lange Pause lassen, dann kommt die wichtige „Zurücknahme", die den Kreislauf wieder anregt: Atme tief durch (mache Fäuste), dehne, recke und strecke dich (gähne).

Abschlussgespräch über das Erlebte.

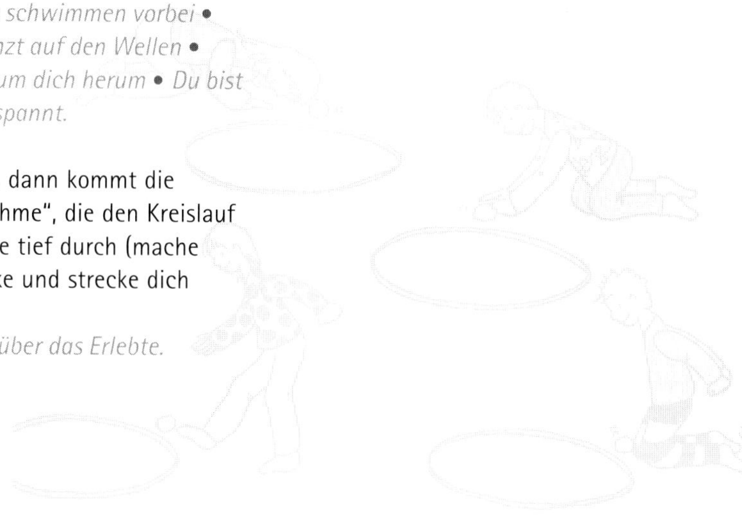

Auf der Wiese ist was los

Benötigte Materialien. Ein Zauberseil, so viele Chiffontücher wie Kinder, so viele Klang-, Rassel- oder Klapperinstrumente wie Kinder.

Einleitung

Zur Musik vor-, rück- oder seitwärts gehen, laufen, hüpfen. Mit Musikende die aufgerufenen Begriffe pantomimisch darstellen. Begriffe: Maulwurfshügel, Grashalm, wachsende Blume, Moos, Grashalm im Wind, Regen, plätschernder Bach, Grashalm im Sturm, Mauseloch. Abb. 1.
Alle Lösungen gelten lassen. Die Kinder könnten den Bach z. B. darstellen, indem sie am Ort mit Händen und Armen wellenartige Bewegungen ausführen, sich liegend seitwärts rollen oder vorwärts schlängeln.

Hauptteil

Was ist das, wenn es viele, viele Grashalme gibt, dort Blumen wachsen, Maulwurfshügel und Mauselöcher entstehen können und vielleicht ein Bach durchplätschert? Ja, es ist die Wiese.
Wir wollen uns heute mit der Wiese beschäftigen und uns zuerst viele Möglichkeiten ausdenken, eine Blume darzustellen. Sucht euch einen Platz auf der Wiese und überlegt euch, welche Blume ihr seid.

Text
Die Blume schläft. Ihr Blütenkelch ist zu. Als es Morgen wird und die Sonne scheint, wächst die Blume ganz, ganz langsam der Sonne entgegen und öffnet ihren Kelch. Den Kindern Zeit zum Wachsen lassen. Sie wiegt sich im leisen Wind hin und her und hin und her. Das gefällt ihr. Als es Abend wird, schließt sie ihren Blütenkelch und träumt sich in die Nacht.

1 »

Die Kinder werden aus den verschiedenen Ausgangsstellungen heraus, z. B. Fersensitz, Hocke oder Stand, „wachsen", den Kopf heben, die Arme ausbreiten. Alle Lösungen gelten lassen.

Geht nun zu dreien zusammen. Ihr seid gemeinsam eine Blüte, die sich öffnet und schließt. Denkt euch verschiedene Lösungen aus. Die Kinder experimentieren lassen. Die einzelnen Gruppen zeigen ihre Lösungen, die von allen nachgeahmt werden.

2 »

Beispiele

- Im Hocksitz Kreishandfassung, Kopf und Arme gesenkt. Arme und Köpfe langsam heben.

- Aus der Hocke mit Handfassung langsam zum Stand mit Armhochhalte kommen.

3 »

- Aus dem Fersensitz mit Handfassung zu Kniestand mit Armhochhalte kommen.

- Hocksitz, Rücken an Rücken mit Handfassung. Arme heben und Beine grätschen.

- Sternförmige Rückenlage, die Köpfe liegen beieinander: Langsam die Beine heben. Abb. 2.

- Zwei Kinder Handfassung im Stand gegenüber, in der Mitte steht das dritte Kind: Während die Kreiskinder die Arme heben, streckt das mittlere Kind die Arme unter deren Armen seithoch. Abb. 3.

4 »

Wir bauen eine Riesenblüte mit dem zusammengeknoteten Zauberseil. Alle stehen im Zauberseilkreis und halten das Seil beidhändig gefasst am Rücken: Langsam rückwärts gehen, bis das Seil straff gespannt ist, dann loslassen und beide Arme heben und öffnen. Blüte langsam wieder schließen. Abb. 4.
Mehrmals spielen.

Weitere Beispiele

- Mit dem beidhändig gefassten Seil rückwärts gehen und das Seil hoch über den Kopf führen. Abb. 5.
Langsam in die Ausgangsstellung zurück.

- Im Strecksitz das beidhändig gefasste Seil heben und senken.

- Wie vor, aber aus dem Fersensitz zum Kniestand kommen.

5 »

6 »

Kinder spielen auf der Wiese

- Mit dem Seil, rechts gefasst, im Kreis herumlaufen.

- Hui, geht das schnell! Abb. 6.
Gegengleich.

- Könnt ihr auch im Seitgalopp hüpfen (Seil beidhändig gefasst)?

- Die Seile wegräumen und Chiffontücher verteilen.

Ein leiser Wind geht über die Blumenwiese. Wie könnt ihr mit dem Chiffontuch Wind machen?
Experimentieren lassen. Jedes Kind zeigt seine Lösung, die von allen nachgeahmt wird.

Beispiele

- Laufen und das hochgehaltene Chiffontuch flattern lassen. Abb. 7.

- Schnell mit dem Chiffontuch im Kreis drehen.

- Das Chiffontuch ein- oder beidhändig gefasst auf und ab bewegen.

- Das Chiffontuch im Sitz mit den Füßen gefasst hin und her schwenken. Abb. 7.

7 »

Gestalten einer „Chiffonblume": Alle sitzen am Boden und haben das Chiffontuch so in den Händen versteckt, dass kein Stück mehr herausschaut. Hände in Zeitlupe öffnen. Das Chiffontuch quillt hervor und liegt zuletzt als Blüte auf den geöffneten Händen. Abb. 8. Vorsichtig auf dem Boden ablegen. Merkt euch eure Blüte und ihre Farbe. Zur Musik auf der Wiese spazieren gehen, ohne eine Blüte zu beschädigen. Mit Musikende setzt ihr euch neben eine andersfarbige Blüte.
Mehrmals spielen und zuletzt die eigene Blume wiederfinden.

8 »

Auf der Wiese leben nicht nur Blumen, sondern auch Tiere. Wer kennt welche?
Beispiele der Kinder aufgreifen und spielen lassen.

Beispiele

- Vögel, Schmetterlinge oder Käfer fliegen um die Chiffontücher herum.

- Ameisen oder Käfer krabbeln.

- Regenwürmer oder Schlangen schlängeln um die Blumen.

- Katzen schleichen, Heuschrecken hüpfen, Störche stolzieren. Abb. 9.

9 »

Bewegungsspiel „Der Klapperschnabelstorch"

Text	Handlung
Ich bin der Klapperschnabelstorch und steh' auf einem Bein, ich klapper' mit dem Schnabel – horch –	Auf einem Bein stehend die Arme seitlich auf und ab bewegen. Zweimal vor dem Körper die gestreckten Arme auf und zu klappen. Abb. 10.
auch flattern kann ich fein. Gib mal Acht – klappklapp – gib mal Acht – klappklapp – was der Klapperstorch jetzt macht:	Wieder wie anfangs „fliegen". Zweimal die Flügel, dann zweimal den Schnabel bewegen. Wiederholen. Viermal Flügel auf und ab bewegen.
Ja, er springt wie der Wind auf das andre Bein geschwind.	Auf das andere Bein wechseln.
	Gegengleich wiederholen. Chiffontücher wegräumen.

10 »

Raupenrennen

Zu Paaren zusammen gehen. In die Bauchlage hintereinander legen. Das hintere Kind hat die Füße des vorderen Kindes gefasst. Alle Raupen versuchen, so schnell wie möglich zum Ziel (z. B. ein Apfelbaum) zu gelangen, um einen schönen Apfel zu ergattern. Abb. 11.

Rückenwahrnehmung

„Die Mäuse aus dem Wiesental"

Die Paare sitzen hintereinander. Das hintere Kind spielt die Geschichte mit den Fingern auf dem Rücken des vorderen Kindes. Abb. 12.

11 »

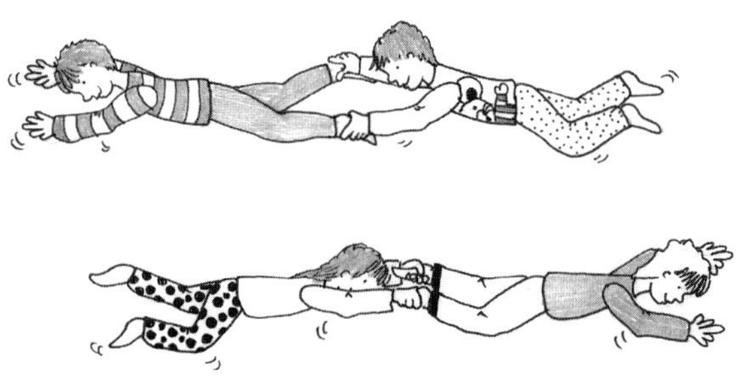

12 »

Text	Handlung
Der Tag erwacht, die Sonne scheint und schickt die Strahlen runter,	Partnerrücken streicheln und Sonne malen.
die Mäuse aus dem Wiesental, die werden langsam munter.	Alle Finger laufen auf dem Rücken kreuz und quer.
Die Wiese ist warm und die Wiese ist weich,	Streicheln.
die Katze ist fort und sie huschen zum Teich.	Alle Finger laufen ...
Sie plantschen im Wasser und spritzen sich nass und haben dabei einen Mäusespaß!	Abwechselnd rechts und links den Rücken abklopfen.
Dann gehts auf die warme Wiese zurück, die Mäuse kuscheln und fühlen Glück.	Alle Finger laufen ...
Sie haben keine Eile und streicheln sich 'ne Weile.	Streicheln.
Genug geschmust, schnell durchgefasst zur langen Mäuseschlange, sie schlängeln durch die Wiese sich, das spielen sie sehr lange.	Schlangenlinien auf den Rücken malen.
Musik ertönt, es spielen schon die Mäusemusikanten, die Trommel schlägt Klein-Mäuserich, es singen seine Tanten.	Rücken abklopfen.
Die Kleinen tanzen Ringelreihn, im Kreis herum zu zwein und drein	Ununterbrochen einen Kreis malen.
und andre große Nette, die rennen um die Wette: Auf die Plätze, fertig, los!	Mehrmals mit allen Fingern von der Taille an aufwärts laufen.
Zwei Freunde liegen faul im Moos.	Beide Hände mit Nachdruck nacheinander auf den Rücken legen.
Der eine sagt: „Ich langweil' mich."	Eine Hand wippt.
Der andre sagt: „Ich kitzel' dich!"	Die andere Hand wippt.
Nun quietschts und lachts und zappelts sehr, bis einer ruft: „Ich kann nicht mehr!"	Kitzeln.

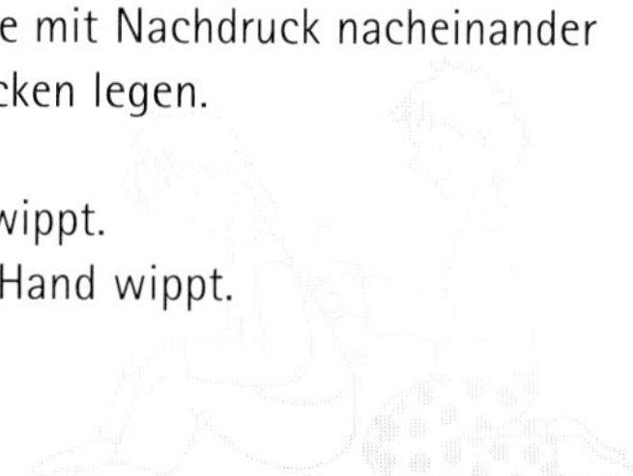

Text	Handlung
Die Wiese ist warm und die Wiese ist weich, *es quaken die Frösche im nahen Teich,* *es zirpen die Grillen,* *ein Bienchen summsummt* *und in der Ferne ein Auto brummt.*	Streicheln.
Zuletzt erscheint die Katze doch *und – husch – ist sie im Mauseloch!*	Alle Finger laufen über den Rücken und verschwinden unter den Achseln.

Aus: Karin Schaffner, Auf deinem Rücken tut sich was, Pohl-Verlag Celle, 2005.

Schlussteil

Der musikalische Blumenstrauß

Jedes Kind hat ein Instrument und sitzt auf seinem Platz auf der „Wiese", auf der Kreislinie. Alle machen eine leise „Blumenmusik".

Die Leiterin pflückt sich drei bis zehn Kinder (holt sie in die Kreismitte) und alle hören diesen Kindern bei ihrer „Blumenstraußmusik" zu. Abb. 13. Wer möchte sich auch einen Strauß pflücken?

Mehrmals wiederholen.

Instrumente wegräumen.

12 »

Im Wald

Benötigte Materialien. Seile, Rhythmusinstrumente (Rasseln, Klangstäbe, Schellen, Zimbeln, Triangeln, Trommeln) oder selbstgebastelte Instrumente, wie z. B. zwei Kochtopfdeckel, mit Kies, Knöpfen oder Sand gefüllte Dosen oder Schachteln, Kronkorkenrasseln, Kochtopf mit Kochlöffeln usw., verschiedene Laubblätter, Zweige, Malblätter und Filzstifte.

Einleitung

Laufspiel „Alles was grün ist"

Die Leiterin zählt Dinge auf, die grün sind und baut dazwischen Fehler ein. Solange alles stimmt, laufen die Kinder vor-, rück- oder seitwärts herum. Sobald ein Fehler kommt, setzen sie sich in den Schneidersitz.

Beispiel

• Die Wiese ist grün – der Frosch ist grün – der Apfel ist grün – die Birne ist grün – (die Kinder laufen ununterbrochen) die Sonne ist grün (Schneidersitz). Abb. 1.

• Weitere grüne Beispiele: Schnittlauch, Petersilie, Spinat, Pfefferminze, Kleeblatt, Grünspecht, Heuschrecke, Wald.
Fehler: Feuerwehrauto, Himmel, Mond, Sterne, Zitrone usw.
Hinweis: Das Spiel mit dem Begriff „Wald" beenden.

Rhythmikspiel „Im Wald"

• Jedes Kind bekommt ein Rhythmusinstrument und setzt sich in den Kreis. Alle Kinder dürfen ihre Instrumente ausprobieren.

• Können die Instrumente ganz laute Musik machen?

• Können die Instrumente auch ganz leise Musik machen?

• Können sie auch ganz still sein?

• Die Instrumente spielen eine Geschichte. Jedes Instrument ist ein Baum.

1 »

Geschichte
Es ist ganz still im Wald, völlig windstill. Nichts rührt sich. Kein Blättchen bewegt sich.
Alle Instrumente sind still.

Da kommt ein leiser Wind und „kitzelt" die Blätter ganz sacht. Ganz zart beginnen sie sich zu regen und raunen.
Sehr leise Musik machen.

Der Wind wird stärker. Es hört sich an, als würde der ganze Wald wispern und rascheln.
Spielen wie beschrieben.

Der Wind wird noch stärker und die ersten Blätter wirbeln von den Bäumen und tanzen zu Boden.
Lauter werden.

Nun wird der Wind zum Sturm. Er rüttelt an den Zweigen und Ästen. Der Wind rauscht. Die Bäume ächzen und stöhnen. Kleine Äste fallen zu Boden.
Ganz laut spielen. Abb. 2.

Der Sturm lässt nach und die Bäume beruhigen sich wieder etwas.
Wieder leiser werden.

Nur noch ein leiser Wind ist zu hören und die Bäume wiegen sich leise hin und her und hin und her und hin und her.
Leise spielen.

Der Wind hört auf. Es ist wieder still im Wald. Völlig windstill. Kein Blättchen bewegt sich.
Alle Instrumente sind wieder still.

Fragen: Wie hat es euch gefallen? Welcher Baum wart ihr?
Instrumente wegräumen.

Im Sturm sind Blätter und Äste von den Bäumen gefallen. Beobachtet, wie ein Blatt fällt und ahmt es mit euren Körpern nach.

Die Leiterin lässt ein Blatt fallen, die Kinder ahmen es nach. Abb. 3.

3 »

2 »

Verschiedene Blätter fallen auch verschieden.
Ahmt nach und nach alle Blätter nach.

Dasselbe mit dem Zweig. Dann die Kinder vergleichen lassen. Was fällt langsamer, was schneller? Was fällt leise, was lauter auf den Boden?

Imagination: „Ich bin ein Baum"

Die Kinder stehen entspannt, die Füße hüftbreit gegrätscht, die Augen möglichst geschlossen. Während des Textes sanft hin und her wiegen, durch Gewichtsverlagerung – nicht den Oberkörper seitbeugen!

Du bist ein Baum und wiegst dich im Wind. Es ist ein leiser Wind und du wiegst dich hin und her und hin und her. – Du bist fest in der Erde verwurzelt – ganz fest. Du fühlst, dass dich die Erde hält und wiegst dich weiter, immer hin und her. Kinder eine Weile wiegen lassen. Ganz ruhig wiegst du dich – immer weiter – hin und her. Abb. 4. *Augen wieder öffnen und das Wiegen beenden.*

Hauptteil

Jedes Kind bekommt ein Seil, sucht sich einen Platz im Raum, baut einen Seilkreis und setzt sich hinein.

1. Aufgabe

Tiere im Wald. Welche Tiere gibt es im Wald? Vorschläge der Kinder spielen lassen.

Beispiele

- Der Fuchs schleicht im Wald herum (um die Seilkreise) und zurück in sein Versteck (den Seilkreis). – Eule, Frosch, Eichhörnchen, Spinne, Käfer, Schlange, Schnecke, Ameise, Reh, Wildschwein, Specht.

2. Aufgabe

Kinder kommen in den Wald und hüpfen um die Bäume herum (spielen wie beschrieben). Abb. 5. Sie finden Baumstämme und denken sich Turnübungen daran aus (Seile lang legen).

4 »

5 »

Beispiele

- Auf dem Baumstamm vor-, rück- oder seitwärts balancieren. Abb. 6.

- Auf Händen und Füßen über den Baumstamm krabbeln, die Hände und Füße laufen rechts und links vom Baumstamm auf dem Boden.

- Zickzackhüpfen am Baumstamm entlang. Abb. 7.

- Mit geschlossenen Augen über den Baumstamm balancieren oder mit den Händen entlang tasten. Abb. 8.

3. Aufgabe

Schlangenausflug. Könnt ihr die Schlange (Seil) hinter euch her schlängeln, dabei schöne Wege suchen, ohne auf eine andere Schlange zu treten?

4. Aufgabe

Legt aus eurem Seil etwas, das es im Wald gibt.

Beispiele

- Pilz, Stein, Blume, Baum, Schlange, Schnecke, Vogel. Abb. 9.

- Herumgehen und die Kunstwerke anschauen.

Seile einsammeln.

6 »

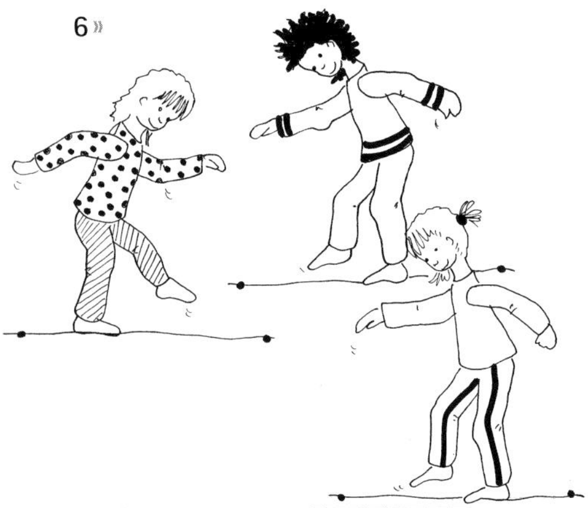

8 »

7 »

9 »

Partnerspiele

Zu Paaren zusammengehen und folgende Aufgaben lösen:

- Baumstamm rollen: A-Kind wälzt das am Boden liegende Baumstamm-Kind um die Längsachse.
Wechseln.

- Tausendfüßler: In Bankstellung hintereinander fasst das hintere Kind die Fußgelenke des vorderen Kindes. Dann läuft der Tausendfüßler los. Abb. 10. Ob es klappt? *Wechseln.*

- Raupe: Wie vor, aber in der Bauchlage. Abb. 11.

- Sinneswahrnehmungsspiel „Der Rücken fühlt": A-Kind liegt in der Bauchlage auf einer Waldwiese und „schläft". Über den Rücken laufen, hüpfen oder krabbeln Tiere (Finger oder Hände von B-Kind) – leichte und schwere Tiere oder langsame und schnelle Tiere. Abb. 12.

Beispiele

Schnecke, Heuschrecke, Käfer, Maus, Vogel, Raupe, Ameise, Frosch.
Partnerwechsel.

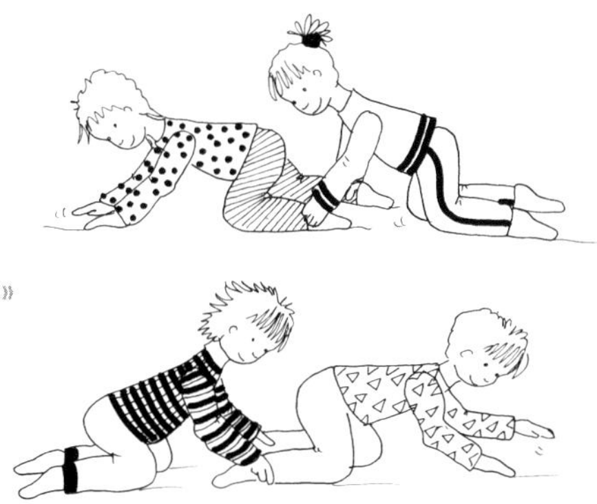

10 »

12 »

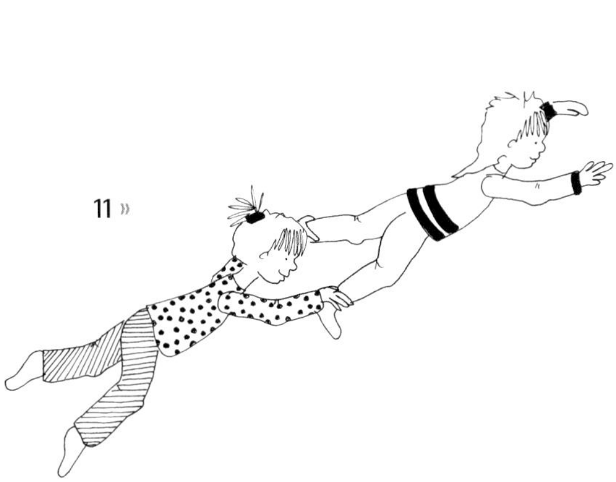

11 »

Schlussteil

„Fuchs und Rebhühner"
Ein Kind ist der Fuchs. Die Rebhühner fragen immer wieder: „Herr Fuchs, was fressen Sie denn gern?" – Solange der Fuchs Pudding, Pommes, Salat usw. aufzählt, besteht keine Gefahr. Sagt er aber „Hühner", dann reißen alle aus und das gefangene Huhn wird neuer Fuchs. Abb. 13.

Mit den Füßen den Wald malen. Jedes Kind bekommt ein Blatt, klemmt sich einen Filzstift zwischen die Zehen und malt im Sitzen „sein" Waldbild. Wer will, kann seinen Vornamen dazuschreiben. Abb. 14. Natürlich mit den Füßen!!!

13 »

14 »